古典文獻研究輯刊

三四編

潘美月・杜潔祥 主編

第28冊

陳景雲《文選舉正》疏證
（第七冊）

范志新 著

國家圖書館出版品預行編目資料

陳景雲《文選舉正》疏證（第七冊）／范志新 著 -- 初版 --

新北市：花木蘭文化事業有限公司，2022〔民 111〕

目 4+196 面；19×26 公分

（古典文獻研究輯刊 三四編；第 28 冊）

ISBN 978-986-518-883-2（精裝）

1.CST：文選舉正 2.CST：文選學 3.CST：文學評論

011.08 110022685

ISBN-978-986-518-883-2

9 789865 188832

古典文獻研究輯刊

三四編 第二八冊 ISBN：978-986-518-883-2

陳景雲《文選舉正》疏證（第七冊）

作 者 范志新

主 編 潘美月、杜潔祥

總 編 輯 杜潔祥

副總編輯 楊嘉樂

編輯主任 許郁翎

編 輯 張雅淋、潘玟靜、劉子瑄 美術編輯 陳逸婷

出 版 花木蘭文化事業有限公司

發 行 人 高小娟

聯絡地址 235 新北市中和區中安街七二號十三樓

電話：02-2923-1455／傳真：02-2923-1452

網 址 http://www.huamulan.tw 信箱 service@huamulans.com

印 刷 普羅文化出版廣告事業

初 版 2022 年 3 月

定 價 三四編 51 冊（精裝）台幣 130,000 元

陳景雲《文選舉正》疏證
（第七冊）

范志新　著

目次

文選卷三十三

九歌二首　屈平　王逸注

少司命

蓀何以兮愁苦　王注：司命可為主握其年命，而用思愁苦。

【陳校】

注「司命可為」。「可」，「何」誤。

【集說】

余氏《音義》曰：「可為」。「可」，何改「何」。

【疏證】

尤本作「何」。奎本、明州本、贛本作「何」。建本脫一字。謹案：《楚辭章句》、《補注》作「何」。毛本因形近傳寫而誤，陳校當從《楚辭》、尤本等正之。

君誰須兮雲之際　王注：言司命之去，暮宿於天地之郊。

【陳校】

注「天地之郊」。「地」，「帝」誤。

【疏證】

奎本以下諸六臣合注本、尤本悉作「帝」。謹案：《楚辭章句》、《補注》作「帝」。毛本獨因音近而誤，陳校當從《楚辭》、尤本等正之。

與汝遊兮九河，衝颷起兮水揚波

【陳校】

洪興祖謂「此二句《河伯》章中語。古本無此。」

【集說】

余氏《音義》曰：《（楚辭）補注》：「古本無此二句。」

葉刻：何云：「『與汝遊』二句。朱子云：『《河伯》章中語。』」又云：「『九河』二句，猶言江漢以濯之也。」（葉）按：此二句王逸不注，則自《河伯》章中，錯簡在此無疑，不必隨文生解。

孫氏《考異》曰：《補注》云：「古本無此二句。」何云：「『與汝遊』二句。朱子云：『《河伯》章中語。』」按此二句，王逸不注，則自《河伯》章中錯簡在此無疑，不必隨文生解。

胡氏《考異》曰：何校云：「洪興祖謂：『此二句《河伯》章中語。王逸無注，古本無此二句。』」陳同。案：其說是也，詳五臣濟有解「九河」、「衝飆」之注。是其本有此二句。各本所見皆以五臣亂善而誤衍，又失著校語也。《楚辭》亦衍，或即五臣之所本，要以古本無，為是。

張氏《膠言》曰：洪興祖曰：「此二句《河伯》章中語也。」雲璈按：叔師此二句無注，則自《河伯》章錯簡無疑。陳季立亦以此二句為誤入。

梁氏《旁證》曰：何曰：「洪興祖謂：『此二句《河伯》章中語。王逸無注，古本無此二句。』」陳同。按濟注有解「九河」、「衝飆」之語，則五臣有之。

朱氏《集釋》曰：朱子《集注》云：「古本無此二句，王逸亦無注。此《河伯》章中語也。當刪。」案：《楚辭》多重出語，二句在此，文法亦順，然古本無之，自是錯簡。此外如《騷經》「世幽昧以眩曜兮，孰云察余之善惡？」《集注》云：「善惡，一作中情。非是。上文別有此句，此章韻不叶也。《九章·惜誦》篇亦同。」據此，知《楚辭》固有傳寫訛舛者，然則，《騷經》：「長歎息以掩涕兮」二句，亦以韻叶之而謂其誤倒，未為不可也。

許氏《筆記》：嘉德曰：「此錯簡衍文。今刪。」

黃氏《平點》曰：「王逸無注，蓋複《河伯》章中語也。」

【疏證】

諸《文選》本咸有此二句。謹案：《楚辭章句》、《補注》有此二句。洪氏曰：「王逸無注，古本無此二句。《文選》『遊』作『游』、『女』作『汝』、『風

至』作『飇起』。……補曰：此二句《河伯》章中語也。」近人聞一多《楚辭校補》曰：「考《九歌》舊次，《河伯》本與《少司命》銜接，此本《河伯》篇首二句，寫官不慎，誤入本篇末，後人以其文義不屬，又見上文適有『與女沐兮咸池，晞女髮兮陽之阿』二句，與此格調酷似，韻亦相叶，因即移附其後，即成今本也。」姜亮夫《屈原賦校注》曰：「此處上下皆冀望之詞，得有『沐咸池』二句，決不得有『衝風至兮水揚波』句。則此二句誤衍無疑，蓋《河伯》之語誤入此處者也。」謹又案：洪氏《補注》謂：「王逸無注，古本無此二句。」最為可信。盡管《河伯》二句與此文字多有異同，然二句為錯簡衍文，無可置疑。《藝文類聚》卷九十六、《記纂淵海》卷七引兩句皆在《河伯》章。何氏、孫氏皆以「此二句《河伯》章中語也」為朱子首倡，亦誤。「當刪去」，方是朱子語耳。葉刻「按：此二句王逸不注」至「不必隨文生解」，乃是葉樹藩按語。孫氏迻錄不加區分，遽以為何校歟？

山鬼

被薜荔兮帶女羅　　王注：山鬼亦杳忽無形。

【陳校】

　　注「杳忽」。「杳」，「奄」誤。

【疏證】

　　建本同。奎本、明州本、尤本作「奄」。贛本作「晻」。謹案：《楚辭章句》、《補注》作「晻」。「奄」與「晻」通。《爾雅翼・薜荔》引《楚辭》，作「奄」。《荀子・儒效》：「張法而度之，則晻然若合符節。」《韓詩外傳》卷五作「奄然」。《古列女傳・班婕妤》：「遂奄莫而昧幽」，《漢書・外戚列傳》作「晻」，皆其證。建本形近而誤，毛本誤從之。再證毛本與建本存在某種直接間接之關係。陳校當從尤本等正之。

辛夷車兮結桂旗　　王注：辛夷，香章也。

【陳校】

　　注「香章」。「章」，「草」誤。

【集說】

　　許氏《筆記》曰：「辛夷」。注「香章」。案：北人呼為「木筆」，非香草

也。嘉德案：洪（本《楚辭》）注亦云。

【疏證】

奎本以下諸六臣合注本、尤本悉作「草」。謹案：《楚辭章句》、《補注》作「草」。本書《湘夫人》「辛夷楣兮葯房」注引亦作「草」。毛本獨因形近而誤，陳校當從《楚辭》、本書內證、尤本等正之。二許說，可備參考。

采三秀兮於山間　　王注：逸曰：三秀，謂芝草也。

【陳校】

注「逸曰」二字，衍。

【疏證】

尤本無「逸曰」二字。奎本有「逸曰」，明州本、贛本、建本從之。謹案：《楚辭章句》、《補注》無「逸曰」二字。奎本首因六家本善注居銑注後，加「逸曰」以別於五臣注。贛建二本改以善注居首，理當刪去，毛本不能知而誤從建本。本書嵇叔夜《幽憤詩》「一年三秀」注、沈休文《早發定山》「眷言採三秀」注引《楚辭》亦衍。陳校據《楚辭》、尤本等去之，是也。

猨啾啾兮狖夜鳴　　王注：猨猴號狖呴，風木搖動。

【陳校】

注「猨猴號狖呴。」「呴」字衍。「猴號」，當乙。

【集說】

顧按：此「猨號狖呴」四字。

胡氏《考異》曰：注「猨號狖呴」。案：「號狖」當依《楚辭》注作「狖號」。袁、茶陵二本作「猴號」。考《楚辭》「狖夜鳴」，洪興祖本「狖」作「又」，曰：「又，一作狖。」然則，作「狖」之本，此注則云「猨狖號呴」；作「又」之本，此注則云「猨猴號呴」也。下注「猨狖善鳴」，亦當然。袁本正文作「又」，茶陵本正文作「狖」，蓋善「狖」、五臣「又」，而不同。二本失著校語，此及下俱作「猴」，非。

梁氏《旁證》曰：注「猨號狖呴」。洪本「狖」作「又」。《楚辭》注「號狖」作「狖號」。六臣本「號狖」作「猴號」。胡公《考異》曰「作『狖』之本，注應云：『猨狖號呴』；作『又』之本，注應云：『猨猴號呴。』下注『猨狖善鳴』，

亦當然。袁本正文作『又』，茶陵本正文作『狖』，蓋善『狖』、五臣『又』也。」

【疏證】

尤本正文作「狖」、注作「猨號狖呴」。奎本正文作「又」、明州本、贛本、建本正文作「狖」，而諸六臣合注本注皆作「猨猴號呴」。謹案：《楚辭章句》正文作「狖」、注作「猨狖號呼」、《補注》正文作「又」，注作「又，一作狖。」《補注》所謂「一作狖」，即指《文選》尤本等。前胡說或是。準此，毛本注蓋衍一「猴」字，陳校二說並非。注「呴」，《章句》作「呼」，「呴」與「呼」，音義並同，或是古今本之異爾。

九章一首　屈平　王逸注

涉江

帶長鋏之陸離兮　王注：長劍，劍名也。

【陳校】

注「長劍」。「劍」，「鋏」誤。

【集說】

余氏《音義》曰：「[長]劍（也）」。「劍」，何改「鋏」。

【疏證】

奎本以下諸六臣合注本、尤本悉作「鋏」。謹案：《楚辭章句》、《補注》作「鋏」，《北堂書鈔》卷一百二十二「長鋏陸離」注、本書張景陽《雜詩（朝登）》「長鋏鳴鞘中」注引並同。據正文即可斷其是非，此毛本涉下而誤。陳、何校當從正文、《楚辭》、本書內證、尤本等正之。余氏《音義》迻錄何校，「劍」字上脫「長」字，下衍「也」字，今據陳校正之。

卜居一首　屈平　王逸注

吾寧悃悃欵欵朴以忠乎　王注：志純也。

【陳校】

注「志純也。」「純」下，脫「一」字。

【疏證】

奎本以下諸六臣合注本脫同。尤本有「一」字。謹案：《楚辭章句》、《補注》有「一」字，《後漢書·竇融傳贊》「悃悃安豐」章懷注引《楚辭》王注，亦有「一」字。尤本當據《楚辭》補。毛本傳寫獨脫，陳校當從《楚辭》、尤本等補之。

寧與黃鵠比翼乎　王注：飛雲隅也。

【陳校】

注「飛雲隅也。」「隅」，「衢」誤。

【集說】

顧按：今《楚詞》作「喁」。

【疏證】

奎本以下諸六臣合注本、尤本悉同。謹案：《楚辭章句》、《補注》作「喁」。「隅」與「喁」通。《說文通訓定聲·需部》：「喁，段借為隅。」本書謝靈運《九日從宋公戲馬臺——》「歸客遂海嵎」注「《尚書》曰：至于海隅」，可證。毛本從尤本等不誤，未知陳校所據。此類陳校明顯錯誤者，皆不在前胡《考異》迻錄范疇。

詹引乃釋策而謝

【陳校】

「詹引乃釋策」。「引」，「尹」誤。

【集說】

許氏《筆記》曰：何改「詹尹」。嘉德案：《楚辭》各本皆作「尹」。

【疏證】

諸《文選》本悉作「尹」。謹案：《楚辭章句》、《補注》作「尹」。本書劉孝標《辯命論》「抑尺之量有短哉」注引《楚辭》作「鄭詹尹曰：『尺有所短，寸有所長』」云云，又本篇上文已有「乃往見太卜鄭詹尹」云云，並為「尹」字。此毛本傳寫因音近而誤，陳校當從《楚辭》、本篇內證、尤本等正之。許氏《筆記》以為何校，未知所出。參拙著《何校集證》。

漁父一首　屈平　王逸注

聖人不凝滯於萬物

【陳校】

「萬」字，衍。

【集說】

胡氏《考異》曰：茶陵本「於」下有「萬」字，云「五臣無。」袁本云：「逸有。」案：《楚辭》無。洪興祖云：「一本『物』上有『萬』字。」此亦初有，而尤脩改去之。何、陳皆云「衍」，是也。《史記》亦無。

梁氏《旁證》曰：六臣本「於」下有「萬」字。何曰「衍」，是也。

許氏《筆記》曰：「聖人不凝滯於萬物」句，何削「萬」字。嘉德案：《楚辭》無「萬」字。

【疏證】

五臣正德本及陳本無「萬」字。奎本、明州本同，校云：逸本有「萬」字。贛本、建本有，校云：五臣本無「萬」字。尤本無「萬」字。謹案：《太平御覽》卷五百七、《古今事文類聚》前集卷十七、《記纂淵海》卷四十六引亦皆無「萬」字。今本《章句》無「萬」字，《補注》洪興祖云：「一本『物』上有『萬』字。」《補注》所謂「一本有者」，當指《文選》贛本系統本。《楚辭集注》云：「『於』下，《史》有『萬』字。」然檢《孟子注疏·告子章句》孫奭疏引《史記》、《後漢書·崔寔傳》「故聖人能與世推移」章懷注引《楚辭》俱無「萬」字。玩此句文義，按之內在邏輯，此句「萬」字固不當有，作者既云「物」，則已括「萬」在內矣。屈氏為文不當累贅如此。奎本所見《楚辭》本已譌，袁本宗祖奎本之校。毛本誤從建本等衍，陳、何校蓋從尤本、《楚辭》等刪之。

九辯五首　宋玉　王逸注

題下注：序曰：九者，陽之數也，道者綱紀也。

【陳校】

注「道者綱紀」。「者」，「之」誤。

【疏證】

　　奎本以下諸六臣合注本、尤本悉作「之」。謹案：《楚辭章句》、《補注》作「之」。此毛本傳寫涉上而誤，陳校當從《楚辭》、尤本等正之。

（悲哉）悲哉秋之為氣也　　王注：寒氣聊戾，將歲暮也。

【陳校】

　　注「將歲暮也。」「將歲」二字，當乙。

【疏證】

　　奎本以下諸六臣合注本、尤本悉作「歲將」。謹案：《楚辭章句》、《補注》作「歲將」。本書潘安仁《秋興賦》「宋生之言曰：悲哉秋之為氣也」，注作「歲將」。毛本傳寫偶倒。陳校當從《楚辭》、本書內證、尤本等乙之。

蕭瑟兮　　王注：陰氣促急。

【陳校】

　　注「陰氣」。「氣」，「令」誤。

【疏證】

　　奎本以下諸六臣合注本、尤本悉作「令」。謹案：《楚辭章句》作「冷」、《補注》作「令」。本書潘安仁《秋興賦》「飀瑟兮」注作「氣」。《原本廣韻・勁韻》：「令，律也。」陰令，即陰律。陰律，陰氣也。劉勰《文心雕龍・物色》：「蓋陽氣萌而玄駒步，陰律凝而丹鳥羞。」「陰律」，與「陽氣」相對，故詹鍈《義證》云：「陰律，陰氣。古代用音律辨別氣候，所以也可以用陰律代替陰氣。」裴度《至日登樂遊園》詩：「陰律隨寒改，陽和應節生。」然則，諸《文選》本注、洪氏《補注》作「令」，不誤。毛本作「氣」，亦有來歷：《管子・形勢解》：「秋者陰氣治下，故萬物收。」本書阮籍《詠懷・徘徊》：「朔風厲嚴寒，陰氣下微霜」、棗道彥《雜詩》「玄林結陰氣，不風自寒涼」，皆可證其不誤，故亦不必改。陳校則從贛、尤二本、《補注》等，然不必據改毛本。今本《章句》作「冷」，當「令」之譌。

（悲憂）去鄉離家兮　　王注：昔違邑里之他鄉也。

【陳校】

　　注「昔違邑里」。「昔」，「背」誤。

【疏證】

　　奎本以下諸六臣合注本、尤本悉作「背」。謹案：《楚辭章句》作「背」、《補注》作「偝」。「偝」，與「背」同。《集韻‧隊韻》：「背，違也。或从人。」毛本獨因形近而誤，陳校當從《楚辭》、尤本等正之。

中瞀亂兮迷惑　王注：思食煩惑忘南北也。

【陳校】

　　注「思食煩惑」。「食」，「念」誤。

【疏證】

　　奎本以下諸六臣合注本、尤本悉作「念」。謹案：《楚辭章句》、《補注》作「念」。毛本獨涉上文「心煩憺兮忘食事」而誤。陳校當從《楚辭》、尤本等正之。

（皇天）皇天平分四時兮　王注：《爾雅》曰：四時利為通正。

【陳校】

　　注「四時利」。「利」，「和」誤。

【集說】

　　胡氏《考異》曰：注「《爾雅》曰：四時和為通正。」袁本、茶陵本無此九字。案：無者是也。《楚辭》注正無。尤校添，甚非。

【疏證】

　　尤本作「和」。奎本以下諸六臣合注本無「《爾雅》」以下九字。謹案：《爾雅》，見《釋天‧四時》，正作「和」字，《北堂書鈔》卷一百五十一「景風」注引同。然《楚辭章句》、《補注》無「《爾雅》」以下九字。毛本不能辨尤本妄增，複譌作「利」，誤中誤也。

（竊悲）重無怨而生離兮　王注：身無罪過而遂放也。

【陳校】

　　注「遂放」。「遂」，「逐」誤。

【集說】

　　胡氏《考異》曰：注「而逐放也」。袁本、茶陵本「逐放」作「放逐」。

案：此尤本誤倒。

　　梁氏《旁證》曰：六臣本「逐放」作「放逐」。是也。

【疏證】

　　奎本以下諸六臣合注本作「放逐」。尤本作「逐放」。謹案：《楚辭章句》、《補注》作「放逐」。前胡說是，尤本誤倒。毛本不能正尤本之倒，複譌為「遂」，誤中誤也。

關梁閉而不通　王注：閽人指承，呵問急也。

【陳校】

　　注「閽人指承」。「指承」二字，當乙。

【疏證】

　　奎本以下諸六臣合注本、尤本悉作「承指」。謹案：《楚辭章句》、《補注》作「承指」。毛本誤倒，陳校當從《楚辭》、尤本等正之。

（何時）眾鳥皆有所登棲兮　王注：羣佞竝進處安爵也。

【陳校】

　　注「處安爵也」。「安」，「官」誤。

【疏證】

　　奎本以下諸六臣合注本、尤本悉作「官」。謹案：《楚辭章句》、《補注》作「官」。毛本獨因形近而誤，陳校當從《楚辭》、尤本等正之。

鳳亦不貪餧而忘食

【陳校】

　　「忘」，「妄」誤。

【集說】

　　孫氏《考異》曰：「忘」，當依《楚辭》作「妄」。

　　許氏《筆記》曰：「忘」，何改「妄」。嘉德案：朱子及洪慶善《楚辭》本，並作「妄」，何校從之，是也。

【疏證】

　　諸《文選》本咸作「妄」。謹案：《楚辭章句》、《補注》作「妄」，《太平御

覽》卷九百十五同。忘與妄通。《老子·歸根》：「不知常，忘作。凶。」朱謙之校釋：「忘、妄古通。」《韓非子·解老》：「前識者。無緣而忘意度也。」王先謙集解：「忘，與妄通。」皆其證。檢曹子建《與楊德祖書》「吾亦不能妄歎者，畏後世之嗤余也。」奎本等作「妄」，然有校云「善本作忘字。」是善見古本作「忘」，不與《楚辭》同。毛本不誤，陳、何校不必改也。

招魂一首　宋玉　王逸注

去君之恒幹，何為兮四方些　王注：幹，體也。……。或曰：去君之恒閈里也。楚人名里曰閈也。

【陳校】

注「去君之恒閈」。「閈」下，脫一「閈」字。

【集說】

梁氏《旁證》曰：何校、段（玉裁）校：「里」下皆添「門」字。

朱氏《集釋》曰：案：幹、閈聲相近。作「幹」字解似曲，宜作「閈」，與次句「何為兮四方」正對。下文「舍君之樂處而離彼不祥」，語意亦一貫。《說文》：「閈，閭也。汝南平輿里門曰閈。」又曰：「閭，里門也。」《漢書·盧綰傳》：「綰自同閈」應劭注：「楚名里門曰閈」，則此注「里」下亦當有「門」字。

許氏《筆記》曰：「恒幹」。注「幹」、「閈」兩釋，作「閈」為長。

【疏證】

贛本、建本脫同。《集注》本、奎本、明州本、尤本重「閈」字。謹案：《楚辭章句》、《補注》。重「閈」字。此毛本誤從贛本系統。陳校當從《楚辭》、尤本等正之。「里」下當加「門」字，據何校、段校、朱氏說。

魂往必釋些

【陳校】

「魂往必釋些」下，脫王逸注：「釋，解也。言彼十日之處，自習其熱，魂行到，身必解爛也」六句，下又脫「歸來歸來，不可以託些」二句。

【集說】

許氏《筆記》曰：「釋些」。注脫「釋，解也。言彼十日之處。自習其熱，

魂行往到，身必解爛也」二十二字。嘉德案：逸注《楚辭》，有。

【疏證】

　　贛本、尤本、建本有逸注六句、「歸來」二句及其注「言魂宜急來歸，此誠不可託附而居」，凡四十八字。奎本、明州本惟「歸來歸來」作「歸來」（蓋從五臣），餘同。《集注》本有此六句「到」上有「往」字，同《楚辭章句》。餘同。謹案：《楚辭章句》有此四十八字，末字「居」下有「之也」二字。《補注》同《章句》，惟「歸來歸來」作「歸來兮」。毛本傳寫脫，陳校當從《楚辭》、尤本等，然仍脫「到」上「往」字、「歸來」二句之注十七字等。

叢菅是食些　　王注：些棘為叢。

【陳校】

　　注「些棘為叢。」「些」，「柴」誤。

【疏證】

　　《集注》本、奎本以下諸六臣合注本、尤本悉作「柴」。謹案：《楚辭章句》、《補注》作「柴」。此毛本「些」，當「紫」之壞字。「紫」，與「柴」同。《集韻・佳韻》：「紫，通作柴。」陳校當從《楚辭》、尤本等正之。

虎豹九關，啄害下人些　　王注：言啄天下欲上之人而殺之。

【陳校】

　　注「言啄天下」。「言」，「主」誤。

【集說】

　　胡氏《考異》曰：注「言啄天下欲上之人。」何校「言」改「主」。陳同。案：《楚辭》注作「主」。是也，各本皆誤。

　　梁氏《旁證》曰：《楚辭》本注「言」作「主」。是也，各本皆誤。

【疏證】

　　奎本以下諸六臣合注本、尤本、《集注》本同，陸善經注亦同。謹案：《楚辭章句》、《補注》作「主」。《北堂書鈔》卷一百四十九「天門九關」注、《柳河東集・罵尸蟲文》「以付九關貽虎豹食」注引逸語，同。此諸本涉《楚辭》注句首「言」字而誤，毛本當誤從尤本等。按上下文義，陳、何從《楚辭》本改，是也。

永嘯呼些　王注：故必嘯呼以感也。

【陳校】

注「嘯呼以感也。」「感」下脫「之」字。

【疏證】

《集注》本、奎本以下諸六臣合注本、尤本悉有「之」字。謹案：《楚辭章句》、《補注》有「之」字。毛本蓋傳寫脫，陳校當從《楚辭》、尤本等正之。

天地四方多賊姦些　王注：西有赤儀。

【陳校】

注「西有赤儀。」「儀」，「蟻」誤。

【疏證】

《集注》本、奎本以下諸六臣合注本、尤本悉作「蟻」。謹案：《楚辭章句》、《補注》作「蟻」字。毛本因形近而誤，陳校當從《楚辭》、尤本等正之。

靜閒安些　王注：室寬曰閒。

【陳校】

注「室寬曰閒」。「室」，「空」誤。

【疏證】

贛本、建本誤同。《集注》本、奎本、明州本、尤本作「空」。謹案：《楚辭章句》、《補注》作「空」字。毛本蓋誤從贛本系統，陳校當從《楚辭》、尤本等正之。

目騰光些　王注：精光騰馳，感人心也。

【陳校】

注「感人心也。」感」上脫「驚」字。

【疏證】

尤本有「驚」字。《集注》本、奎本以下諸六臣合注本作「驚感人也」。謹案：《楚辭章句》、《補注》作「驚惑人心也。」毛本傳寫脫「驚」字。陳校當據尤本補正之。《文選》作「感」，義長于今本《楚辭》作「惑」。今人或以「古

無驚感，但有驚惑」，此說恐誤。檢謝承《後漢書》已有「怛然驚感」之語，見《初學記》卷十七「李鴻刻印」條注，《太平御覽》卷四百一十六《人事部·友悌》同。

遺視矊些　王注：遺，竊視二。

【陳校】

　　注「遺，竊視二。」「遺」下脫「視」字、「二」，「也」誤。

【疏證】

　　《集注》本、奎本以下諸六臣合注本「遺」下無「視」字、作「也」字。尤本「遺」下有「視」字、無「二（也）」字。謹案：《楚辭章句》、《補注》作「遺，竊視也。」與《文選》奎本等六臣合注本不同。尤本當從《楚辭》添「視」字，是。陳校當從尤本，複據《楚辭》、奎本等句尾，改「二」作「也」，亦是。毛本誤從六臣合注本脫「視」字、又因形近誤「也」作「二」。前胡《考異》亦漏錄陳氏「也」字之校。

翡帷翠幬，飾高堂些　王注：言復以翡翠之羽，雕飾幬帳，帳之高堂。

【陳校】

　　注「帳帳」。［下］「帳」，「張」誤。

【集說】

　　胡氏《考異》曰：注「飾幬帳之高堂」。陳云：「帳下當有張字。」是也。《楚辭》注有，各本皆脫。

　　梁氏《旁證》曰：《楚辭》本注，「帳」下有「張」字。是也。

　　許氏《筆記》曰：「翠幬」。「幬」，一作「帳」。嘉德案：《楚辭》作「帳」。

【疏證】

　　奎本、明州本、贛本、尤本並作「飾幬帳之高堂「帳」下並脫一字」。建本「帳」下有「張」字、無「之」字。《集注》本「帳」下有「張之」字。謹案：胡氏《考異》迻錄陳校作「帳下當有張字。」初看與周鈔貌異，究其實並無二致，乃所持《文選》底本不同耳。《楚辭章句》有「張」字、無「之」字。《補注》有「張之」字。黃氏《補注杜詩·畫鶻行》「高堂見生鶻」補注引《楚辭》注作「張之高堂」。《說文·巾部》曰：「帳，張也。從巾，長聲。」

段注：「以疊韻為注。《釋名》曰：『帳，張也。張施於床上也。』古亦借『張』字為之。」然則，帳與張通。毛本重「帳」字不誤。陳校改下「帳」為「張」及前胡三家校，並同《集注》本，尚非得善注真諦焉。其實，「帳」下祗須重「帳」字，無須改補「張」也。毛本「帳」下有「帳之」二字，是上諸《文選》本中，惟一得善注原貌者也。周鈔「帳，張誤」上脫「下」字，已據上下文義補。

仰觀刻桷畫　王注：言仰視龍蛇成文章也。

【陳校】

「仰觀刻桷畫」下，脫「龍蛇些」三字。

【集說】

許氏《筆記》曰：注脫「言仰視屋之榱橑，皆刻畫龍蛇，而有文章也」十七字，當補。削去「仰視龍蛇成文章也」八字。

【疏證】

《集注》本、諸《文選》本咸有「龍蛇些」三字。謹案：《楚辭章句》、《補注》並有「龍蛇些」三字，《古今事文類聚》後集卷二十引同。《藝文類聚》卷六十一惟末無「些」字，餘同上《楚辭》。檢《集千家註杜工部詩集·禹廟》「古屋畫龍蛇」注引作「畫」下，多一「為」字。毛本傳寫偶脫，陳校當從《楚辭》、尤本等補之。毛本引王逸注多脫文，亦當依許校，許亦出諸《騷》、《選》。

雜芰荷些　王注：其芰菱雜錯，羅列而生，俱盛貌也。

【陳校】

注「俱盛貌也。」「貌」，「茂」誤。

【疏證】

《集注》本、奎本以下諸六臣合注本、尤本悉作「茂」。謹案：《楚辭章句》、《補注》作「茂」。毛本獨因音近而誤，陳校當從《楚辭》、尤本等正之。

侍陂陀些　王注：侍君堂偶

【陳校】

注「侍君堂偶。」「偶」，「嵎」誤。

【疏證】

《集注》本、奎本以下諸六臣合注本、尤本悉作「隅」。謹案:《楚辭章句》、《補注》作「隅」。「隅」與「嵎」同,說已見上《卜居》「寧與黃鵠比翼乎」條。毛本獨因形近而誤,陳校亦不必改作「嵎」,從《楚辭》、尤本等可也。

煎鴻鶬些　王注:言復以醋醬,烹鶬為羹。

【陳校】

注「醋醬」。「醋」,「酢」誤。

【疏證】

《集注》本、奎本作「酢漿」。明州本、贛本、尤本、建本作「酢醬」。謹案:《楚辭章句》作「酢醬」。《補注》作「酸酢」,洪氏補曰:作「酢漿」云云。「酢漿」與「酢醬」同。毛本作「醋」,獨因形近而誤。作「酸」,亦誤。陳校當從《楚辭》、尤本等正之。

有餦餭些　　王注:餦餭,餳也。

【陳校】

「有餦餭些。」「餭」,「餭」誤。

【集說】

朱氏《集釋》曰:《方言》曰:「餳,謂之餦餭,」《廣雅》亦云:「餦餭,餳也。」《說文》無「餭」篆,蓋古字當作「張皇」,故《周頌·有瞽篇》正義、釋文引《方言》,並作「張皇」。段氏謂:「張皇者,肥美之意也。」

【疏證】

《集注》本、贛本、尤本、建本並注作「餭」。奎本、明州本作「餭」,注同,然「餦餭,餳也」四字,為五臣濟注。五臣正德本及陳本注末正有此注。謹案:《楚辭章句》、《補注》並注作「餭」,四字為王逸注。然則,五臣襲王逸注,奎本、明州本不能察,至贛本始正之,是也。《北堂書鈔》卷一百四十七「蜜勺」條引《楚辭》云「粔籹蜜餌,有餦餭。」毛本獨因形近而並注誤作「餭」,陳校當從《楚辭》、尤本等正之。

《涉江》《采菱》，揚發荷些　　王注：楚人歌曲也。言己涉彼大江，南入湖池。采取菱芰，發揚荷葉。喻屈原背去朝堂，隱伏草澤，失其所也。

【陳校】

「揚發荷些。」「揚發」二字，乙。

【集說】

孫氏《補正》曰：按「揚荷」當作「陽阿」。五臣本「揚」作「陽」。張銑注：「《涉江》、《採菱》、《陽阿》，皆楚歌曲名。荷當為阿。」

胡氏《考異》曰：「發楊荷些。」案：「楊」，當作「揚」，注「發楊荷葉」同。袁、茶陵二本所見亦誤。《楚辭》俱作「揚」也。

張氏《膠言》曰：「涉江采菱，發揚荷些」注：「采取菱芰，發揚荷葉。」按：注語不甚明析，不若五臣作「陽阿為曲名」，為是。

梁氏《旁證》曰：《楚辭》本「楊」作「揚」，是也。

朱氏《集釋》曰：案：孫氏《補正》曰云云。余謂：上已有「雜芰荷」，此又云「發揚荷葉」，似複，亦不辭。且注明言『歌曲』，則下為贅語矣。後《七啟》、《七命》注兩引《淮南子》曰「歌采菱，發陽阿，不若延露以和。」「發陽阿」三字正與此同。「采菱」亦曲名，此處卻似虛用，疑當謂「涉大江，采菱芰，而發陽阿之曲也。」「阿」，乃為「荷」者，《釋名・釋邱》云：「偏高為阿邱。阿，何也。如人儋何物，一邊偏高也。」今「擔荷」字，《說文》作「儋何」，故或通用。

胡氏《箋證》曰：《補注》曰：「《淮南》：『歌采菱，發陽阿。』」又：『足蹀陽阿之舞』，注云：『陽阿，古之名倡。』又：『欲美和者，必先始於《陽阿》、《采菱》』，注：『《陽阿》、《采菱》，樂曲之和聲。』」紹煐按：上云「女樂羅些」，又云「造新歌」，注謂「歌曲」，是也。「揚荷」即「陽阿」之同音假借字，而以為「發揚荷葉」，則未免因文為訓矣。

許氏《筆記》曰：「揚荷」。注云：「楚人歌曲也。」言《涉江》、《採菱》、《陽阿》三者，皆歌曲之名。其下「涉彼大江」云云，是釋歌曲命名之義。本或改「揚荷」為「陽阿」，非是。

【疏證】

《集注》本、贛本、建本並注作「發揚」。贛、建二本有校云：五臣本作「陽」字。奎本、明州本作「發陽」，校云：逸本作「楊」字，注作「發楊」。

尤本作「發楊」，注同。謹案：《楚辭章句》、《補注》並注作「發揚」。《藝文類聚》卷四十一作「發陽阿」。《古今事文類聚》後集卷二十作「發揚阿」。然倘以「揚荷」如《涉江》、《採菱》為歌曲名，則「揚荷」即「陽阿」之同音假借，如後胡所言，則作「楊何」也可。梁元帝《言志賦》：「絕楊何之妙舞，廢綿駒之善謳。」《藝文類聚》卷二十六作「何楊（傳寫偶倒）」，可為借證，而《歷代賦彙》外集卷一作「陽阿」，則是「楊何」字亦同「陽阿」之明證矣。然則，正文當作「發揚荷」。毛本正文之誤，惟獨在倒「發揚」二字，陳校當從《楚辭》、尤本等正之，不改「荷」字，誠為上策。孫氏臆改「荷」，前胡、梁氏欲改「楊」，並非，許氏駁之，是也。至於王逸注由歌曲名轉變為「喻意」，引起張、朱諸家之質疑，此涉及注義及修辭之理解（即如：王逸以為「喻屈原」云云，何氏《讀書記》非之：「此非喻也。前言容飾，此言歌舞、戲劇；前是平居，此是宴會」。許氏則謂「釋歌曲命名之義」），皆已超出校勘范疇，姑容無論矣。

娭光眇視，日層波些　王注：言美人……眺視曲眄，目采眇然。白黑分明，精若水波而重華。

【陳校】

　　「日層波些」。「日」，「目」誤。

【疏證】

　　《集注》本、諸《文選》本咸作「目」。謹案：《楚辭章句》、《補注》等並作「目」。五臣作「目」，翰注可證。但據王注，已可明善注作「目」。此毛本傳寫獨因形近而譌。陳校當據《楚辭》、尤本等正之。

奏大呂些　王注：進雅樂大呂。

【陳校】

　　注「大呂」上脫「奏」字。

【疏證】

　　《集注》本、奎本以下諸六臣合注本、尤本悉有「奏」字。謹案：《楚辭章句》、《補注》等有「奏」字。據正文亦當有，毛本獨脫。陳校當從《楚辭》、尤本等正之。

菎蔽象棊，有六簙些　王注：象才為棊。

【陳校】

注「象才為棊。」「才」，「牙」誤。

【疏證】

《集注》本、奎本以下諸六臣合注本、尤本悉作「牙」。謹案：《楚辭章句》、《補注》作「牙」字。毛本因形近而誤，陳校當從《楚辭》、尤本等正之。

娛酒不廢，沈日夜些　王注：言雖以酒相娛樂，不廢政事。……或曰：娛酒不發。旦也。《詩》曰：明發不寐。言歡娛日夜湛樂也。

【陳校】

注「娛酒不發」下，脫一「發」字。

【集說】

張氏《膠言》曰：「娛酒不廢，沈日夜些」，言飲酒晝夜不輟也。古樂府「廢禮送客出」，亦當作「止」字用。注謂「飲酒不廢政事」，又以「廢」為「發」，引「明發不寐」，並非。說見施愚山《蠖齋詩話》。

【疏證】

奎本、明州本同。贛本、建本作「廢」。《集注》本、尤本重「發」字。謹案：《楚辭章句》、《補注》重「發」字。發、廢古字通。《說文通訓定聲·泰部》：「發，叚借為廢。」又：「廢，叚借為發。」聞一多《楚辭校補》曰：「發、廢，正、借字。發為酒醒。《晏子春秋·諫上篇》曰：『景公飲酒，三日一發』，又曰；『君夜發不可以朝』，發，皆謂酒醒。《賈子新書·先醒篇》：『辟猶俱醉而獨先發也。』先發，即篇名之『先醒』也。王注訓『發』為『旦』，引《詩》『明發不寐』為證，不知《詩》『明發』，亦本訓醒，則先儒汪中、馬瑞辰等已發其覆矣。」聞說甚審，當重「發」字。毛本或誤從明州六家本系統，或從尤本而傳寫脫。陳校蓋據《楚辭》、尤本等正之。

華鐙錯些　王注：飾飾以禽獸。

【陳校】

注「飾飾」。下「飾」，「設」誤。

【疏證】

　　《集注》本、奎本以下諸六臣合注本、尤本悉作「設」。謹案：《楚辭章句》「飾」下，無「飾」、「設」字，《補注》作「設」。毛本涉上而誤，陳校當從洪氏《補注》、尤本等正之。

菉蘋齊葉兮，白芷生些　　王注：懷所見，自傷哀也。

【陳校】

　　注「懷所見」。「懷」，「據」誤。

【集說】

　　胡氏《考異》曰：注「懷所見，自傷哀也。」何校「懷」改「據」。陳同。案：《楚辭》注作「據時」二字，是也。何、陳但改「據」字，其「時」字仍不補，未詳所出。袁、茶陵二本亦作「懷」。

　　梁氏《旁證》同胡氏《考異》。

【疏證】

　　奎本以下諸六臣合注本、尤本誤同。惟《集注》本作「據時」。謹案：檢《楚辭章句》作「擄時」、《補注》作「據時」。擄，同「據」。《越絕書·外傳記吳王占夢》：「（吳王）視瞻不明，擄地飲水，持籠稻而餐之。」是其證。毛本當誤從尤本等，《考異》說是，陳、何校失之眉睫間焉。

倚沼畦瀛兮遙望博　　王注：循江而行，遂人池澤。

【陳校】

　　注「遂人池澤」。「人」，「入」誤。

【疏證】

　　《集注》本、奎本以下諸六臣合注本、尤本悉作「入」。謹案：《楚辭章句》、《補注》作「入」。毛本獨因形近而誤，陳校當從《楚辭》、尤本等正之。

抑鶩若通兮，引車右還　　王注：言抑止馳鶩者，順通共獲，引車右轉，以遮獸也。

【陳校】

　　注「共獲引車」。「獲」，「護」誤。

【集說】

顧按：今《楚詞》作「獲」。

【疏證】

明州本以下六臣合注本、尤本作「護」。《集注》本、奎本作「獲」。謹案：《楚辭章句》、《補注》亦作「獲」。「順通共獲」，蓋謂順通獵事。顧按是。作「獲」，此毛本獨與《集注》、奎本合。毛本不誤，陳改非。自明州本涉下「遮」字而誤改「護」，尤本等誤宗之。陳校誤從尤本等耳。

招隱士一首　劉安

偃蹇連卷兮　王注：客貌美好。

【陳校】

注「客貌」。「客」，「容」誤。

【疏證】

《集注》本、奎本以下諸六臣合注本、尤本悉作「容」。謹案：《楚辭章句》、《補注》作「容」。此毛本獨因形近而誤，陳校當從《楚辭》、尤本等正之。

山氣巃嵸兮　王注：岑崟恥嵯，雲瑜鬱也。

【陳校】

注「岑崟恥嵯」。「恥嵯」，當作「嶄嵯」。

【疏證】

奎本作「嶄崻」。《集注》本、明州本、贛本、尤本、建本作「嶄嵯」。謹案：《楚辭章句》作「嶜崻」、《補注》作「嶄嵯」。「崻」，同「嵯」。《集韻·支韻》：「嵯，或書作崻」，可證。「嶄嵯」，即「參差」。慧琳《一切經音義》卷九十八「巃嵸」條引《楚辭》王逸注：「崟岑參差，雲蓊欝也」，可為其證。本書司馬長卿《子虛賦》「岑崟參差，日月蔽虧」，「參差」與「岑崟」連文亦可佐證。疑毛本本作「恥」，係『恥』之俗字（見《龍龕手鑑·耳部》），作「恥」者，則為其俗譌字耳。陳校當從《楚辭》、本書內證、尤本等正之。

心淹留兮恫荒忽

【陳校】

「洞」,「恫」誤。

【集說】

余氏《音義》曰:何曰:「恫」,宋本作「洞」。

顧按:洪興祖云:「恫,一作洞。」

梁氏《旁證》曰:毛本「洞」誤作「恫」。何曰云云。

胡氏《箋證》曰:何氏焯曰云云。《旁證》云:「毛作恫,非。」

許氏《筆記》曰:「恫荒忽」之「恫」,何曰云云。案:所貴宋本者,取其無譌字耳。今流傳宋本皆有譌字。余家藏有宋本,又華亭相國藏有風雲樓本,又曹侍御藏有揀亭曹氏本,本各不同,若不加考覈,則信古而反誤者,有之。此篇朱子作「恫」,音「通」。《思玄賦》云「恫後辰而莫及」注「恫,痛也,他公切。」《說文》:「恫,痛也,一曰呻吟也,從心同聲,他紅切。」;「洞,疾流也,從水同聲。徒弄切。」《詩》云:「神罔時恫」,釋文:「音通,痛也」,《說文》引作「恫」,皆不作「洞」字。嘉德案:洪本亦作「恫」,與朱子同。作「洞」乃宋本誤字。

【疏證】

《集注》本並陸善經注、諸《文選》本俱作「洞」。謹案:《楚辭章句》作「洞」,吳棫《韻補·入聲》「岵」下注引同。《補注》則作「恫」。蓋「洞」、恫實通。《史記·太史公自序》:「殺隱幽友,大臣洞疑。」王念孫《讀書雜志》:「引之曰:恫疑,恐懼也。」王氏「洞」讀為「恫」,是。《後漢書·馮衍傳》:「並日夜而幽思兮,終惝憚而洞疑。」亦用「洞」,是其驗。然則,毛本當從尤本等。何校聊備異聞,可;陳校欲改字,則不可也。二許未免拘泥。

硙磈磳砈　　王注:崔巍嵯嵯。

【陳校】

注「嵯嵯」。上「嵯」,疑「嵳」。

【集說】

胡氏《考異》曰:注「崔巍嵯嵯。」陳云:「上嵯,疑嵳。」案:嵳、嵯雖可通,但此與上句「山阜峨峘」不協,恐仍未是。各本皆同,《楚辭》注亦

然，無以考之矣。

梁氏《旁證》曰：陳曰云云。胡公《考異》曰：「此與上句『山阜峬崛』不協，恐仍未是。」案：作「蹇」，亦當從《玉篇》作「巉嶘」。

【疏證】

《集注》本、奎本以下諸六臣合注本、尤本悉同。謹案：《楚辭章句》作「嵯嶘」，《補注》作「巉嶘」。《龍龕手鑒》：「巉：俗。嶘：正。」然則，《補注》與諸《文選》本同。《章句》作「嵯嶘」者，疑誤。毛本當從尤本等，陳校亦非。梁氏「蹇，當作巉」說，是，《玉篇·山部》：「巉，其展切。巉嶘，山屈曲。又九輦切。」故周鈔《舉正》作「嚹」，當是「巉」之壞字，「巉」，乃陳所疑似者，《考異》遽作「蹇」，亦非。

樹輪相糾兮林木茇（𣬈）〔𣬈〕　王注：枝葉盤好。

【陳校】

注「枝葉盤好。」「好」，「紆」誤。

【疏證】

《集注》本、奎本、明州本、尤本、建本作「紆」。贛本作「紅」，誤。謹案：《楚辭章句》、《補注》作「紆」，《太平御覽》卷九百五十三「木下」注引，同。毛本傳寫而誤，陳校當從《楚辭》、尤本等正之。

王孫兮歸來　王注：旋反舊也，入故字也。

【陳校】

注「舊也」。「也」，「邑」誤。

【疏證】

《集注》本、奎本以下諸六臣合注本、尤本悉作「邑」。謹案：《楚辭章句》、《補注》作「邑」。「舊邑」，與下「故宇」正相對。毛本蓋形近或涉下文而誤，陳校當從《楚辭》、尤本等正之。

文選卷三十四

七發八首　枚叔

（客曰今太子）伯子牙為之歌。

【陳校】

「子」字，衍。

【集說】

孫氏《考異》曰：五臣本無「子」字。

顧按：此非衍也。「伯子」，《廣絕交論》有之。

梁氏《旁證》曰：六臣本無「子」字。

許氏《筆記》曰：「子牙」。汲古初刻作「伯子牙」，錢氏重校削去「子」字，非。

【疏證】

尤本同。奎本、明州本無，校云：善本「伯」下有「子」字。贛本、建本有「子」字，校云：五臣本無「子」。謹案：《藝文類聚》卷五十七《七》引、《北堂書鈔》卷一百六「歌麥秀」注引皆無「子」字。本書注引《列子》、《韓詩外傳》涉及「伯牙」，近四十見，無一例外。顧按所及《廣絕交論》「伯子息流波之雅引」注：「伯牙及雅引，已見上文」，文雖稱「子」，而注仍作「伯牙」，是「子」乃尊稱，非名也。憑此不能證「子」字之「非衍」。況《廣絕交論》

正文之「子」，或乃「牙」之誤。顧按非也。各本所見皆非，贛、建二本向注明有「子」字，與其校相抵牾，即是明證。當從陳校。

（客曰犓牛之腴）安胡之飯　注：宋玉《風賦》曰：為臣炊彫胡之飯。

【陳校】

　　注「宋玉《風賦》」。「風」，「諷」誤。

【集說】

　　余氏《音義》曰：「風賦」。「風」，何改「諷」。

　　梁氏《旁證》曰：毛本「諷」誤作「風」。

【疏證】

　　奎本以下諸六臣合注本、尤本悉作「諷」。謹案：宋玉有《諷》、《風》二賦。《風賦》載本書，《諷賦》見章樵註《古文苑》卷二、《文選補遺》卷三十一等。「為臣炊彫胡之飯」語見《諷賦》。本書沈休文《三月三日率爾成篇》「彫胡方自炊」、《北堂書鈔》卷一百四十四「彫胡」注引並作「諷」。此毛本誤二為一，陳、何當據本書內證、類書總集、尤本等改，是也。

搏之不解　注：《禮記》曰：無搏飯。

【陳校】

　　「（摶）［搏］」，「（摶）［搏］」誤。

【集說】

　　許氏《筆記》曰：「搏之」。當作「摶」，从手，專聲。

【疏證】

　　諸《文選》本並注咸同。謹案：善本作「搏」，注引《禮記》已明，五臣亦作「搏」，翰注可證。語見《禮記注疏‧曲禮上》，正作「搏」。《北堂書鈔》卷一百四十二「犓牛之腴」引本賦、又卷一百四十四「毋放飯」注引《禮記》並作「搏」。刻本「搏」字，多形同「摶」，僅少右上一點者。奎本、明州本即如此。然音注「徒完（一作丸）切」，可證為「摶」。形近是毛本致誤之緣。陳校當從《禮記》、類書、尤本等正之。周鈔「搏」、「摶」倒，今已乙正。

（客曰鍾岱）稻麥服處，躁中煩外　注：王逸《楚辭注》曰：稻粢穱麥挐黃粱

【陳校】

注「王逸《楚辭注》曰：稻粢穱麥挐黃粱。」按：此《楚詞》正文，非注也。當作「穱麥，麥中先熟者。」

【集說】

胡氏《考異》曰：注「王逸《楚辭注》曰：稻粢穱麥挐黃粱。」陳曰云云。今案：此或衍「王逸注」三字。各本皆同，無以審知之也。

梁氏《旁證》曰：陳曰：「稻粢七字，《楚辭》正文」云云。胡公《考異》曰：「此或衍王逸注三字」。

【疏證】

奎本以下諸六臣合注本、尤本悉同。謹案：語見本書《招魂》：「稻粢穱麥挐黃粱些」注：「穱，擇也。擇麥中先熟者」云。《章句》、《補注》同。陳校拘泥、前胡說似是，本書張平子《南都賦》「冬稌夏穱，隨時代熟」注，亦釋「穱麥」字，正引「《楚辭》曰：『稻粢穱麥挐黃粱』」云云，無「王逸注」三字。毛本當誤從尤本等。

（客曰既登）閭娵傅予之徒　注：韋昭《漢書注》曰：閭娵，梁王魏嬰之美人。

【陳校】

注「梁王魏嬰」。「嬰」，疑「罃」。

【集說】

顧按：「嬰」字不誤，見《戰國·（魏）[楚]策》。

【疏證】

奎本以下諸六臣合注本、尤本悉同。謹案：韋注見《漢書·揚雄傳上》「資娵娃之珍髢兮」注作「嬰」，《荀子·成相篇》「閭娵子奢」楊倞註引同。《北堂書鈔》卷一百四十八「梁王請魯君為舉觴」注引《戰國策》云：「梁王魏嬰觴諸侯于范臺」云云。《戰國策·楚策·考烈王》「閭姝子奢」吳師道補注引則作「罃」。「嬰」、「罃」音同而通，《穆天子傳》卷二：「天子乃賜之黃金之

罌三六」郭注：「即盂也。徐州謂之罌。」洪頤煊校：「罌，本作罃。」檢四庫本文並注正作「罃」。毛本當從尤本等，陳校正不必改。周鈔《舉正》引顧按「魏策」，「魏」當作「楚」，蓋涉「魏罌」字而誤。今已正之。

（客曰將為太子）左烏號之彫弓 注：又《古考史》曰：柘樹，枝長而勁，烏集之。

【陳校】

　　注「古考史」。恐當作「《古史考》」。蜀・譙周所著。

【集說】

　　胡氏《考異》曰：注「又古考史曰。」陳曰云云。案：所校是也。《史記・司馬相如傳》索隱引「《古史考》」可證。

　　梁氏《旁證》曰：陳曰：「考史，當作史考。譙周所著。」是也。按：此引「《古史考》烏號」與《吳都賦》劉淵林注同，與《子虛賦》引張揖注異。說見《子虛賦》。

【疏證】

　　明州本、尤本、建本同。奎本作「考古史」，贛本重出《子虛賦》引張揖注。謹案：本書劉孝標《辯命論》「夷叔斃淑媛之言」注、《演連珠（臣聞頓綱）》「是以巢箕之叟，不盼丘園之幣」注引並作「《古史考》」，下例並冠有「譙周」名。《索隱》記譙氏「《古史考》」，首見《史記・五帝本紀》「少典之子」注。《索隱》曰：「譙周，字允南。蜀人。魏散騎常侍徵，不拜。此註所引者，是其人所著《古史考》之說也。」《隋書・經籍志二》：「《古史考》二十五卷」注：「晉義陽亭侯譙周撰。」本書劉孝標《辯命論》「夷叔斃淑媛之言」注、陸士衡《演連珠（臣聞頓綱）》「洗渭之民」注並引「（譙周）《古史考》」云云。陳校、前胡、梁氏說是。尤本誤從明州本，毛本則誤從尤本、建本等。奎本倒、贛本重出，皆非。

掩青蘋 注：張揖《子虛賦注》曰：青蘋似莎而大。

【陳校】

　　注似當引《風賦》注「風生於地，起青蘋之末」語。此句言風未起，下則言清風徐拂也。

【集說】

　　許氏《筆記》曰：「青蘋」。注蘋、𬞟兩釋。

【疏證】

　　奎本以下諸六臣合注本、尤本悉同。謹案：本條與校勘無關。即就注之得當與否，李善引張注，本釋名物「青蘋」而已，如同銑注。不必與風相涉也。許氏恐亦不以陳校為然。

（客曰將以）固未能縷形其所由然也　　注：縷，辭縷也。

【陳校】

　　注「辭縷也」。「辭」，恐「覼」誤。

【集說】

　　胡氏《考異》曰：注「注：縷，辭縷也。」陳曰云云。是也，各本皆譌。
　　梁氏《旁證》曰：陳曰：「辭，當作覼。」是也，各本皆誤。

【疏證】

　　奎本、明州本、尤本、建本同，惟贛本作「覼」。謹案：「辭縷」，不辭。「覼縷」，委屈也，詳述也。本書左太沖《吳都賦》「嗟難得而覼縷」注引「王延壽《王孫賦》曰：嗟難得而覼縷。」王元長《三月三日曲水詩序》「羌難得而稱計」注引同。《類篇·見部》：「覼：一曰：覼縷。委曲也。俗從爾，非是。」然則，「覼」，為「覼」之俗字。「覼」，跡近「辭」，奎本等所以譌也。毛本蓋誤從尤本等。陳校當從贛本、字書等正之。然贛本、周鈔《舉正》陳校，並係俗字，當改正字。前胡逕改正字，最是。

（客曰不記）清升踰跊　　注：如淳《漢書注》曰：跊，超踰也。

【陳校】

　　注「超踰也」。「踰」，「踊」誤。

【疏證】

　　奎本以下諸六臣合注本、尤本悉作「踊」。謹案：如注，見《史記·樂書》「騁容與兮跊萬里」集解：「如淳曰：跊，謂超踊也。」字正作「踊」。本書《吳都賦》「跊踊竹柏」注、揚子雲《羽獵賦》「跊巒阬」注、引如注並作「踊」。但據正文亦可證當作「踊」。毛本獨因形近而誤，陳校當從本書內證、尤本等

正之。

鳥不及飛　注：《高堂賦》曰：飛鳥未及起。

【陳校】

　　注「《高堂賦》」。「堂」，「唐」誤。

【疏證】

　　奎本以下諸六臣合注本、尤本悉作「唐」。謹案：《高唐賦》載在本書。正作「唐」。堂與唐音義並同，可通。陳不必改焉。參上潘正叔《贈陸機出為吳王郎中令》「振鱗南海」條。

魚鼈失勢，巔倒偃側　注：魚鼈巔倒之貌也。

【陳校】

　　注「巔倒」。「巔」，「顛」誤。

【疏證】

　　明州本、贛本、建本並注同。奎本、尤本並注作「顛」。五臣正德本、陳本作「巔」。謹案：本書殷仲文《解尚書表》「川無恬鱗」注引本篇作「顛」，然《楚辭·九章·惜誦》：「行不羣以巔越兮，又眾兆之所咍」，王夫之《通釋》：「巔與顛同，仆也。」「巔」，與「顛」通，且既非五臣與善之別，則陳校不改也得。毛本當從建本等。

直使人踣焉　注：郭璞《爾雅》曰：踣，前覆也。

【陳校】

　　注「郭璞《爾雅》」。「雅」下脫「注」字。

【集說】

　　胡氏《考異》曰：注「郭璞《爾雅》曰：『踣，覆也。』」袁本、茶陵本「覆」上有「前」字，是也。陳曰云云。二本亦脫。

【疏證】

　　贛本有「注」字。奎本、明州本、建本、尤本脫。謹案：本書張景陽《七命》「僵踣掩澤」注引，有「注」字。毛本脫「注」，當誤從尤本等。陳校當應手可補，不煩披贛本及《七命》也。此亦引注逕稱其書之例。

（客曰將為太子）若莊周魏牟，楊朱墨翟，便蜎詹何之倫　注：《淮南子》曰：雖有鈎鍼芳鉺。

【陳校】

注「芳鉺」。「鉺」，「餌」誤。

【集說】

余氏《音義》曰：「芳鉺」。「鉺」，何改「餌」。

【疏證】

奎本以下諸六臣合注本、尤本悉作「餌」。謹案：語見《淮南子・原道》篇，字正作「餌」。然「鉺」、「餌」並從「耳」得聲，字可得通。《一切經音義》卷二：「鈎鉺，正字作蛔。服虔云：『釣魚曰餌也。』」本書左太沖《吳都賦》「鈎餌縱橫，網罟接緒」，正文從「食」旁，注引「莊周曰：『任公子為大鈎巨緇，五十犗牛以為鉺』」，則從「金」。並其證矣。毛本當別有所出，陳校不必改焉。

七啟八首　曹子建

冠皮弁　注：鄭玄曰：皮弁者，曰鹿皮為冠。

【陳校】

注「曰鹿皮」。「曰」，「白」誤。

【疏證】

《集注》本、奎本以下諸六臣合注本、尤本悉作「白」。謹案：語見《儀禮注疏・士冠禮》鄭注，正作「白」字，《玉海》卷八十一引同。《荀子・富國篇》「士皮弁服」楊倞注：「皮弁，謂以白鹿皮為冠，象上古也」，亦可作佐證。此毛本涉上而誤，陳校當從《儀禮》、尤本等正之。

志飄飆焉

【陳校】

「飆」，當作「飄」。

【疏證】

尤本同。《集注》本並引《鈔》、五臣正德本及陳本、奎本以下諸六臣合

注本作「飆」。謹案：《藝文類聚》卷五十七、嘉定本《曹子建集》卷九皆作「飆」。五臣作「飆」，翰注可證。毛本誤從尤本，陳校當從贛本、曹《集》、類書等正之。

夫太極之初，渾沌未分　注：《漢書》曰：太極元氣分三為一。

【陳校】

　　注「分三為一」。「分」，「函」誤。

【集說】

　　梁氏《旁證》曰：六臣本「分」作「函」，是也。

【疏證】

　　明州本、尤本同。奎本作「分二」。贛本、建本作「函」。《集注》本作「含」。謹案：語見《漢書·律曆志上》，正作「函三」，《太平御覽》卷一引《漢書》同。《後漢書·郅惲傳》「含元包一，甄陶品類」章懷注引「《前書志》曰：太極元氣，含三為一」云云，則作「含」。「函」與「含」同。《毛詩注疏·周頌·載芟》「實函斯活」鄭《箋》云：「函，含也。」《漢書·敘傳上》「函之如海，養之如春」師古曰：「函，容也。讀與含同。」奎本等「分」，當「含」之譌。毛本誤從尤本，陳校當從贛本、《漢書》等正之。

芒芒戶氣　注：《春秋命曆序》曰：元氣正，則天地八卦孳也。

【陳校】

　　「戶」，「元」誤。

【疏證】

　　《集注》本、諸《文選》本咸作「元」。謹案：本書《東都賦》注，引《春秋命曆序》曰「元氣正」云云同，所釋對象為「調元氣」，又據本條注，亦可證當作「元」字。此毛本形近傳寫而誤，陳校當從本條注、尤本等正之。

（鏡機子曰芳菰）膾西海之飛鱗　注：《山海經》曰：泰器之山，濩水出焉。

【陳校】

　　注「濩水出馬。」「馬」，「焉」誤。

【疏證】

　　《集注》本、奎本以下諸六臣合注本、尤本悉作「焉」。謹案：語見《山海經・西山經》，正作「焉」。《類篇》卷三十三引《山海經》同。本書《吳都賦》「西海失其遊鱗」注引亦作「焉」。毛本獨因形近而誤，陳校當從《山海經》、本書內證、尤本等正之。

（鏡機子曰步光之劍）西施為之巧笑　注：《毛詩》曰：巧文倩兮。

【陳校】

　　注「巧文」。「文」，「笑」誤。

【疏證】

　　《集注》本、奎本以下諸六臣合注本、尤本悉作「笑」。謹案：《毛詩》見《衛風・碩人》，正作「笑」，《白孔六帖》卷二十四「笑」引、《太平御覽》卷三百六十五、卷三百六十六等同。本書陸士龍《為顧彥先贈婦》「巧笑發皓齒」注引《毛詩》同。毛本或見壞字而誤，陳校固不待徵引《毛詩》、本書內證、尤本等，但觀正文，即可應手而正之。

（鏡機子曰馳騁）飾玉輅之繇纓　注：《周禮》又曰：玉輅錫樊纓。鄭玄曰：樊讀如鞶。……繇與鞶，古字通。

【陳校】

　　注「繁與鞶」。「鞶」，「鞶」誤。

【疏證】

　　《集注》本、奎本以下諸六臣合注本、尤本悉作「鞶」。謹案：本書張平子《東京賦》「咸龍旂而繁纓」注引正作「鞶」。《周禮》語見《春官・巾車》：「樊纓，十有再就」鄭玄注：「樊，讀如鞶帶之鞶，謂今馬大帶也。」李善蓋節引之。《禮記・禮器》：「大路，繁纓一就」孔疏：「繁，謂馬腹帶也。」《說文通訓定聲・乾部》「樊，叚借為鞶」，又：「繇（繁），叚借為鞶」。「樊」、「繁」，皆與「鞶」通。毛本作「鞶」，蓋形近之譌。陳校當從《周禮》、尤本等正之。

抗招搖之華旆　注：《禮記》曰：招搖在上。鄭玄曰：畫招搖星於其上。

【陳校】

　　注「畫招搖星於其上。」「其」，「旗」誤。

【集說】

胡氏《考異》曰：注「畫招搖星於其上。」陳曰云云。是也，各本皆譌。案：今本《禮記》注作「又畫招搖星於旌旗上」，蓋李節引耳。

梁氏《旁證》曰：陳校「其」改「旗」。是也，各本皆誤。

【疏證】

《集注》本、奎本以下諸六臣合注本、尤本悉同。謹案：本書《西京賦》「樹招搖」注引亦誤作「其」。《禮記》語見《曲禮上》，字正作「旌旗」，《初學記》卷二十二「四獸」注引同。毛本當誤從尤本等，陳校當從《禮記》正之。

捷忘歸之矢　注：《儀禮》曰：司射，搢三挾一箇。鄭玄曰：搢，插也。

【陳校】

「捷」，當作「插」。

【集說】

顧按：「捷」，即「插」字。見《儀禮·釋文》。

胡氏《考異》曰：注「搢，插也。」「插」，當作「捷」。宋潭州本《儀禮·鄉射》釋文：「捷，初洽反。」又《士冠》：「捷枑」：「初洽反，本又作插。」此正文作「捷」，善所引《儀禮注》亦作「捷」，不知者誤依今本作「插」改之，亦如通志堂刻《釋文》，於《鄉射》改「捷」為「插」也。何校正文「捷」改為「插」。陳亦云「捷，當作插。」皆據注之誤字。

張氏《膠言》曰：胡中丞云「插，當作捷」云云。

梁氏《旁證》曰：「插」，當作「捷」。胡公《考異》曰云云。謹按：或又校改正文為「搢」就注。益非。姜氏皋曰：「《鄉射禮》：『三耦皆執弓，搢三而挾一箇。』鄭眾曰：『搢，謂插於紳帶之間，若帶劍也。』鄭康成曰：『搢，插也。插於帶右。』注、疏暨《義疏》本同。陸《釋文》亦作『插』，似不得依誤本作『捷』也。」

朱氏《集釋》曰：胡氏《考異》云：「插，當作捷……不知者改之。」余謂：《釋文》既云「本又作插」，則「插」非誤字，且《禮》注本亦不同。《士喪禮》「搢笏」注：「搢，捷也。」《內則》「搢笏」注：「搢，猶扱也。」《說文》：「捷，獵也」；「扱，收也。」「捷」與「扱」，皆「插」之假借字。然則正

文作「捷」，注不妨作「插」，但當云「捷與插，古字通耳」。「搢」字，《說文》在《新附》中，祇當作「晉」。《周禮》「王晉大圭」先鄭注云：「晉，讀為搢紳之搢，謂臿於紳帶之間。」「臿」，即「插」也。

徐氏《糾何》曰：何改「捷」為「插」。案：「捷」，如《士冠禮》「啐醴捷柶」之「捷」；陳思《名都篇》「攬弓捷鳴鏑」注：「《儀禮》曰：『司射，搢一挾三箇。』鄭注：『搢，捷也。』」是「捷」本有「插」字之義，不必改。

許氏《筆記》曰：「捷」，何改「插」。案：注「搢，捷也。」《釋文》：「初洽反。本又作扱。」《士冠禮》曰：「啐醴捷柶」，鄭注云「捷柶，扱柶於醴中。啐，嘗也。」《釋文》：「捷，初洽反，本又作插，亦作扱。」是捷、插、扱三字通，不必改。嘉德案：注「捷」誤「插」，何據誤注改耳。

【疏證】

奎本、明州本、尤本、建本正文作「捷」、注作「插」。贛本正文並注作「插」。《集注》本作「捷」，《鈔》、《音決》、陸善經注同。引善注「搢，捷也」，亦作「捷」，不作「插」。五臣正德本、陳本作「捷」，音「楚甲」。謹案：嘉定本《曹子建集》卷九作「插」。《玉海》卷一百四十五引作「捷」。前胡與陳、何校不同，陳、何主「插」，欲以注改正文；前胡主「捷」，以正文改注。檢「捷」與「插」，本古今字。《管子》：「管子詘纓捷衽」郭沫若等《集校》引王念孫曰：「捷，古插字。」是其驗。故《儀禮》本已有「捷」、「插」之異出，至《文選》本傳寫善引因之有分歧，不足怪矣。然前胡所謂「正文作捷，善所引《儀禮注》亦作捷」說，與《集注》本及其所引諸本一一合，五臣本亦作「捷」，是六臣無異，足為前胡所言之證。本書曹子建《名都篇》「攬弓捷鳴鏑」注引「鄭玄曰：搢，捷也」云云，正作「捷」，不為「插」，亦證前胡《考異》說之的。陳、何之譌，一在誤信《儀禮》今本注，一在誤從贛本耳。毛本文從尤本，不誤；注「插」當改「捷」。

羆獠迴邁

【陳校】

「羆」，當作「罷」。

【集說】

胡氏《考異》曰：「羆獠迴邁。」案：「羆」，當作「罷」。袁本云：善作

「羆」，茶陵本云：五臣作「罷」，各本所見皆傳寫譌，善亦不得作「羆」。

梁氏《旁證》曰：六臣本「羆」作「罷」。是也。

胡氏《箋證》曰：《旁證》云：「六臣本羆作罷」云云。

【疏證】

尤本誤同。《集注》本、奎本、明州本作「罷」，校云：善本作「羆」。贛本、建本作「羆」，校云：五臣作「熊」。五臣正德本作「罷」，陳本亦誤作「羆」。謹案：《藝文類聚》卷五十七脫「頓綱縱網，罷獠回邁」二句。嘉定本《曹子建集》卷九誤「羆」。顧炎武《唐韻正》卷十七「沬」字條，注引亦作「罷」。前胡說是，「罷獠」，謂獵事結束也，與上句「頓綱縱網」正應。毛本當誤從尤本等，陳校當從上下文義正之也。

（鏡機子曰閟宮）閟宮顯敞　注：李充《高安館銘》曰：增臺顯敞。

【陳校】

注「李充」。當作「尤」。尤字伯仁，見范史《文苑傳》。

【集說】

胡氏《考異》曰：注「李充《高安館銘》曰」。陳曰云云。是也。各本皆譌。

梁氏《旁證》曰：陳曰「充，當作尤」云云。按下引李尤《函谷關賦》自作「尤」，或別有「李充」，亦不可知。

【疏證】

奎本以下諸六臣合注本、尤本悉同。《集注》本作「尤」。謹案：《藝文類聚》卷六十三引「《高安館銘》」作「後漢李尤」，《玉海》卷一百六十五引同。《九家集注杜詩》卷二十三《水檻遣興》「去郭軒楹敞」注引「高安館銘」亦作「李尤」。本書張平子《南都賦》「壇宇顯敞」注、王仲宣《登樓賦》「實顯敞而寡仇」注皆作「尤」字。毛本當誤從尤本等，陳校當從本書內證、類書、合參《後漢書·李尤傳》等正之。梁言「或別有李充」說，非。

忽若忘歸　注：《楚辭》曰：觀者憺予忘歸也。

【陳校】

注「憺予」。「予」，「兮」誤。

【集說】

　　胡氏《考異》曰：注「觀者儋予忘歸也。」陳曰云云。是也，各本皆譌。

　　梁氏《旁證》曰：陳校「予」改「兮」。是也，各本皆誤。

【疏證】

　　奎本、明州本、尤本同。贛本作「子」。建本作「然」。《集注》本作「兮」。謹案：《楚辭》見《九歌·東君》，字作「儋兮」，《補注》同。本書謝靈運《石壁精舍還湖中作》「游子儋忘歸」注引亦作「兮」字。「儋」，與「儋」同。《廣雅·釋詁一》：「儋，安也。」與《章句》王逸注「儋」同。「兮」字，《集注》本最是，其餘各本皆誤。毛本誤從尤本等，陳校當從《楚辭》、本書內證等正之。

乃使任子垂釣　注：《莊子》曰：已而，魚大食之。

【陳校】

　　注「魚大」二字，當乙。

【集說】

　　胡氏《考異》曰：注「已而魚大食之。」袁本、茶陵本「魚大」作「大魚」，是也。

【疏證】

　　奎本、尤本同。《集注》本、明州本、贛本、建本作「大魚」。謹案：語見《莊子·外物》，正作「大魚」，《太平御覽》卷八百三十四引同。本書謝靈運《七里瀨》「想屬任公釣」注引亦作「大魚」。毛本誤從尤本，陳校當從本書內證、《莊子》、贛本等正之。

宴婉絕兮我心愁　注：《毛詩》曰：燕婉之求。毛萇曰：燕，安也。

【陳校】

　　「宴婉絕兮」。「宴」，「燕」誤。

【集說】

　　顧按：「宴」即「燕」字。

　　胡氏《考異》曰：「宴婉絕兮」。陳曰云云。今案：陳據注引《毛詩》作「燕」也。《西征賦》「宴喜」注亦引《毛詩》作「燕」，或注有刪削未全耳。

梁氏《旁證》曰：陳曰云云。胡公《考異》曰云云。《五臣》「宴」作「嬿」。良注可證。

【疏證】

《集注》本、尤本同。五臣正德本及陳本作「嬿」，奎本、明州本同，無校。贛本作「燕」，校云：五臣作「嬿」。建本作「宴」，校同贛本。謹案：顧按是也。《說文·宀部》：「宴，安也。從宀，晏聲。」段注：「經典都叚燕為之。」注引《毛詩》及傳、箋皆作「燕」，即段說之證。「嬿」與「燕」同。《玉篇·女部》：「嬿：《詩》曰：『嬿婉之求。』本或作燕。」是其證。毛本從尤本，不誤。陳校據注引《毛詩》立說，卻疏於通假。贛、建二本之校，亦失。

（鏡機子曰既游）鄭人聽之，不若紹陽阿之妙曲　注：《淮南子》曰……鄭人聽之，不若延靈以和。

【陳校】

注「鄭人聽之，不若延靈以和。」「鄭」，「鄘」誤、「靈」，「露」誤。

【集說】

胡氏《考異》曰：注「鄭人聽之，不若延靈以和。」陳曰云云。是也，各本皆譌。

梁氏《旁證》曰：陳校「鄭」改「鄘」、「靈」改「露」。是也。

姚氏《筆記》曰：注引《淮南子》曰：「……鄭人聽之曰：『不若延露以和。』」按：何校……「鄭」，改「鄘」。樹按：後《長笛賦》注引甚明。「延露」，前《月賦》注作「延靈」。

【疏證】

奎本、明州本、尤本、建本同。贛本作「鄭」、「陵」。《集注》本作「鄘」、「露」。謹案：《太平御覽》卷五百七十二引《淮南子》作「鄘」、「延露陵陽」。今本《淮南子·人間》篇作「鄘人聽之，不若此延路、陽局。」《北堂書鈔》卷一百六「歌采菱」注、本書《吳都賦》「或超延露而駕辯」注、馬季長《長笛賦》「下采制於延露巴人」注作「鄘」、「露」；謝希逸《月賦》「惆悵陽阿」注，則作「鄘」、亦誤「靈」。李善當節引。二字，毛本當誤從尤本等，陳校當從《淮南子》、本書內證等正之。

爾乃御文軒　注：文，畫飾也。軒，殿檻也。《尸子》曰：文軒無四寸之鍵，則車不行。《新語》曰：高臺百仞。文軒，彫窓也。

【陳校】

注「軒，殿檻也。《新語》曰：『高臺百仞。』」按：「文軒」，猶「雕軒」耳，況既曰「御」，非「軒檻」，明矣。「殿檻」之釋，與《新語》一條，皆屬誤贅。

【集說】

胡氏《考異》曰：注「軒，殿檻也」，又「《新語》曰：高臺百仞。文軒，彫窓也。」陳云：「文軒，猶彫軒耳。殿檻之釋，與《新語》一條，皆屬誤贅。」今案：此注與中引《尸子》「文軒」義乖，陳說近之。但各本盡然，未審所誤果當若何也。

梁氏《旁證》曰：陳曰：「文軒，猶彫軒。殿檻之釋，與《新語》一條，皆屬誤贅。」

胡氏《箋證》曰：按：善既以「軒」為「殿檻」，而又引《尸子》以文軒為車名，則語為歧出，疑後人所增。

【疏證】

明州本、尤本同。奎本、贛本誤作「彤窗」，餘同。建本「畫飾」誤作「晝飾」，餘同。《集注》本惟有「《尸子》曰」十四字。謹案：善注錯駁，「軒」字，竟有三種解釋：車、殿檻和彫窗。必有後人說羼入其中。上述諸《文選》本，惟以《集注》本得近其真。陳氏以為車，故以「殿檻也」三字及《新語》以下十二字皆為贅文。其校與《集注》本略當，前胡以「陳說近之」，二家並得其要。前胡迻錄陳校，刪節周鈔《舉正》「況既曰御，非軒檻，明矣」九字，因失陳校之真，殊不可取，亦見今日重輯陳校，並非多此一舉焉。

（鏡機子曰予聞）予聞君子樂奮節以顯義　注：張衡《應問》曰：貫高以端辭顯義。

【陳校】

注「張衡《應問》」。「問」，「間」誤。

【集說】

胡氏《考異》曰：注「張衡《應問》曰。」陳曰云云。是也。各本皆譌。

　　梁氏《旁證》曰：陳校「問」改「間」。各本皆誤。

【疏證】

　　奎本以下諸六臣合注本、尤本悉同。《集注》本作「間」。謹案：《集注》本是。本書張平子《南都賦》「其深則有白黿命鼈」注、嵇叔夜《琴賦》「乃斲孫枝」注引張著，誤並同。毛本誤從尤本等，陳校當從《後漢書》張氏本傳並注正之。參上《琴賦》「乃斲孫枝」條。

交黨結倫　　注：《西京賦》曰：輕死重氣，結賞連羣。

【陳校】

　　注「結賞」。「賞」，「黨」誤。

【疏證】

　　《集注》本、奎本以下諸六臣合注本、尤本悉作「黨」。謹案：本書《西京賦》正作「黨」。《太平御覽》卷四百七十三引，同。史容《山谷外集詩注·答德甫弟》「意氣相須尚不移」注引亦作「黨」。又，但觀正文，亦當作「黨」。毛本因形近而誤，陳校當從本書內證、尤本等正之。

故田光伏劍於北燕　　注：《史記》：今太子疑光。非節使也。

【陳校】

　　注「非節使也。」「使」，「俠」誤。

【疏證】

　　《集注》本、明州本、贛本、尤本、建本作「俠」。奎本誤作「狹」。謹案：語見《史記·荊軻傳》作「是太子疑光也。夫為行而使人疑之，非節俠也」云云，《太平御覽》卷四百三十三，同，《戰國策·燕策三》作「俠士」。此蓋善節引也。毛本因形近而誤，陳校當從《史記》、尤本等正之。

（鏡機子曰世有）玄化參神　　注：蔡邕《陳留太守頌》曰：玄化治矣。《漢書》：五被說淮南王曰：今陛下令雖未出。

【陳校】

　　注「玄化治矣。」「治」，「洽」誤。又「五被」。「五」，「伍」誤。

【疏證】

尤本作「洽」、「五被」。《集注》本、奎本以下諸六臣合注本作「洽」、「伍被」。謹案:「治」,本書曹子建《責躬詩》「玄化滂流」注,誤同。而左太沖《魏都賦》「玄化所甄」注、潘安仁《楊荊州誄並序》「玄化未周」注引蔡《頌》,並作「洽」,不誤。伍被語,見《漢書·伍被傳》,正作「伍被」。然「五」與「伍」通。《說文通訓定聲·虞部》:「五,叚借為伍。」《正字通·二部》「五」:「伍與五,音同義別。官府文書伍作五。」王觀國《學林·省文》:「《漢書·藝文志》「陰陽家」:有「《五子胥十篇》,用五字者,省文也。」史容《山谷外集詩注·答余洪範》「詩如大小山」引許子《解淮南鴻烈序》亦作「五被」。並證尤本作「五」不誤。毛本蓋從尤本,然「治」則傳寫獨誤之,陳校當從本書內證、尤本等正之。

超隆平於殷周　注:《東都賦》曰:即士之中,有周成隆平之制焉。

【陳校】

注「即士」。「士」,「土」誤。

【疏證】

《集注》本、奎本以下諸六臣合注本、尤本悉作「土」。謹案:《東都賦》載在本書,正作「土」。《後漢書·班固傳》、《白孔六帖》卷九、《古今事文類聚》續集卷一引並同。毛本獨因形近而誤,陳校當從本書內證、尤本等正之。

觀國之光　注:《周易》曰:觀國之觀,利用賓于王。

【陳校】

注「觀國之觀。」下「觀」,當作「光」。

【疏證】

《集注》本、奎本以下諸六臣合注本、尤本悉作「光」。謹案:《周易》,見《上經·觀》篇,正作「光」字。《白孔六帖》卷四十三引、本書班孟堅《幽通賦》「旦算祀于契龜」注、王元長《永明九年策秀才文》「利用賓王」注引並作「光」。毛本蓋涉上而誤,陳校當從《周易》、本書內證、尤本等正之。

故甘露紛而晨降 注：《禮記威儀》曰：君乘土而王，其政太平。

【陳校】

　　注「《禮記威儀》」。「記」。「斗」誤。

【集說】

　　余氏《音義》曰：「記威」。「威」，何改「斗」。

【疏證】

　　《集注》本、奎本以下諸六臣合注本、尤本悉作「斗」。謹案：本條下「觀游龍於神淵」注引誤同。而本書王元長《三月三日曲水詩序》「紫脫華」注、陸佐公《新刻漏銘》「河海夷晏」注引並作「斗」。《白孔六帖》卷二十一「乘土」條注、《藝文類聚》卷十九、卷九十九、《初學記》卷十九、《太平御覽》卷四、卷六十……、《海錄碎事》卷十下、《記纂淵海》卷四、《玉海》卷一百九十七等，皆作「斗」。明·孫瑴編《古微書·禮斗威儀》。陳、何校蓋據本書內證、類書、尤本等正之。

聆鳴鳳於高岡 注：《毛詩》曰：鳳皇鳴矣。

【陳校】

　　注「鳳皇鳴兮」下，脫「于彼高岡」四字。

【集說】

　　胡氏《考異》曰：注「鳳皇鳴兮」。陳曰云云。案：所校是也。此必連引以注「於高岡」，各本皆脫。

　　梁氏《旁證》曰：陳校「兮」下增「于彼高岡」四字。是也。

【疏證】

　　奎本以下諸六臣合注本、尤本悉脫。《集注》本有「于彼高岡」四字。謹案：《毛詩》見《大雅·卷阿》篇。前胡「此必連引以注於高岡」說是。本書顏延年《秋胡詩》「椅梧傾高鳳」注、陳孔璋《檄吳將校部曲》「蓋鳳鳴高岡以遠尉羅」注引《毛詩》，並有「于彼高岡」四字。毛本當誤從尤本等，陳校當從正文、本書內證等補正之。

不欲仕陶唐之世乎　注：恐安國《尚書傳》曰：陶唐，帝堯氏也。

【陳校】

注「恐安國」。「恐」，「孔」誤。

【集說】

余氏《音義》曰：「恐安國」。六臣「恐」作「孔」。

【疏證】

奎本以下諸六臣合注本、尤本悉作「孔」。《集注》本無此注十三字。謹案：孔傳，語見《尚書·五子之歌》。此毛本刻工因音近而誤，陳校據注上下文可應手而改，無煩援據考證也。

文選卷三十五

七命八首　張景陽

沖漠公子

【陳校】

　　按：《晉史·景陽傳》言，《七命》之作，在晉室已亂，屏居山澤後，則「沖漠公子」，乃自謂也。篇末云云，其有《下泉》詩人之意歟？

【疏證】

　　諸《文選》本悉同。謹案：此解詞義、釋作者以「沖漠公子」自稱用意。

（沖漠）嘉遯龍盤　注：《尚書大傳》曰：蟠龍賁信越其藏。鄭玄曰：蟠，屈也。

【陳校】

　　「盤」，「蟠」誤。

【集說】

　　孫氏《考異》曰：「盤」，《晉書》作「蟠」。據注當作「蟠」。

　　顧按：「盤」字不誤。《三國名臣序贊》有「初九龍盤」語。

　　胡氏《考異》曰：注「盤龍賁信越其藏。」袁本、茶陵本「盤」作「蟠」、「越」作「於」。案：二本是也。正文作「蟠」，疑注更有「盤」、「蟠」異同之

語，刪削不全。《三國名臣序贊》「初九龍盤」注引「《方言》：蟠龍」亦如此。《蜀都賦》「潛龍蟠於沮澤」，用字不同也。《晉書》作「蟠」，何、陳校改正文。考此篇善未必與《晉書》同。下「聾其山」，彼作「籠」、「乘鼇舟」，彼作「鸏」，與注不合，最為顯證。今各依其舊，亦不盡出。

梁氏《旁證》曰：《晉書》「盤」作「蟠」、「越」作「於」。按：作「蟠」與《晉書》合，作「於」亦是。《太平御覽・樂部》九引此作「於」，下句云：「蛟龍躍踴於其淵」，更為可證。

胡氏《箋證》同孫氏《考異》。

許氏《筆記》曰：「盤」，何改「蟠」，依注。嘉德案：六臣、茶、袁本皆作「蟠」也，注引作「蟠」，《晉書》亦作「蟠」。

【疏證】

諸《文選》本正文悉同。《藝文類聚》卷五十七、《海錄碎事》卷八下引亦同。謹案：本條善注與正文有異同，諸家以《晉書》及注改正文，獨前胡以為「善未必與《晉書》同」，舉證豐富，主「各依其舊」之說。五臣作「盤」，有良注可證，然李善是否作「蟠」，則從前胡所舉《三國名臣序贊》「初九龍盤」注既引「《方言》曰：『未升天之龍，謂之蟠龍』」，而正文「盤」下依然無校語，足證善未必作「蟠」，即未必與五臣有異同，故前胡其說，當可從。

百籟群鳴聾其山

【陳校】

「聾」，《晉書》作「龍」。

【集說】

余氏《音義》曰：何曰：「聾」，《晉書》作「籠」。

梁氏《旁證》曰：《晉書》「聾」作「籠」。

許氏《筆記》曰：「聾其山」，何曰云云。案：當依注「眾聲既喧，山為之聾也」作「聾」。

【疏證】

諸《文選》本悉同。謹案：據注上文「眾聲既喧」及復引《蒼頡篇》曰：「聾，耳不聞也」，足證「聾」字不誤。《四庫全書考證・通志中・張載傳》云：「百籟羣鳴聾其山。刊本聾訛籠，據《文選》改。」館臣以「籠」為訛。

許說與館臣同，然尚不如前胡「各依其舊」說圓通。陳、何校聊備異聞而已。

既乃瓊爐嶒崚　注：《曾靈光殿賦》曰：剞（嶒崚）〔繒綾〕而龍鱗。

【陳校】

注「曾靈光」。「曾」，「魯」誤。

【疏證】

奎本以下諸六臣合注本、尤本悉作「魯」。謹案：《魯靈光殿賦》載在本書，正作「魯」字，《古今事文類聚》續集卷五引、本書沈休文《鍾山詩應西陽王教》「峻嶒起青」注引同。此毛本手民之譌，陳校應手可正。

若乃追清哇　注：《蒼頡》曰：哇，謳也。

【陳校】

注「《蒼頡》曰。」「曰」上脫「篇」。

【集說】

胡氏《考異》曰：注「蒼頡曰。」何校「頡」下添「篇」字，陳同。各本皆脫。

梁氏《旁證》同胡氏《考異》。

【疏證】

奎本以下諸六臣合注本、尤本脫同。謹案：毛本當誤從尤本等，陳、何當從本書內證、《漢書・藝文志》等補。參上《西京賦》「所惡成瘡痏」及下《石闕銘》「幕南罷鄣」條。

（大夫曰蘭宮）交綺對榥　注：《文字集略》曰：榥，以帛明窗也。

【陳校】

「榥」，疑「幌」。

【集說】

梁氏《旁證》曰：「交綺對幌。」六臣本及《晉書》「幌」作「榥」。

【疏證】

明州本、贛本、建本並注同。奎本同，注作「幌」。尤本並注作「幌」。謹

案：本書《吳都賦》「房櫳對横，連閣相經」善注：「横，帷屏屬。然則，門牖之廡通名横。横，與晃梘之省，音義同」。善注蓋出《說文·木部》：「横，所以几器。从木，廣聲。一曰：帷屏風之屬。臣鉉等曰：今別作幌，非是。」然段玉裁注曰：「横，一變為梘，再變為幌」。今檢《晉書·張協傳》作「梘」，《藝文類聚》卷五十七作「幌」。可證段變化之說。本書謝惠連《雪賦》「風觸楹而轉響，月承幌而通暉」，注同；陸佐公《石闕銘》「旁映重疊」注引亦作「幌」，此抑或陳校疑竇之所出，然不必疑焉。「梘」、「幌」，既非五臣與善之異同，則當從上前胡之說，各從其舊可也。

承意忞歡

【陳校】

「歡」，五臣本及《晉書》並作「觀」。

【集說】

余氏《音義》曰：何曰：「歡，《晉書》作觀」。

梁氏《旁證》曰：五臣「歡」作「觀」，翰注可證。《晉書》亦作「觀」。

【疏證】

尤本同。贛本、建本同，校云：五臣作「觀」。奎本、明州本作「觀」，校云：善本作「歡」字。五臣正德本作「觀」，陳本作「歡」。《晉書》本傳作「觀」。尤氏《考異》曰：「五臣歡作觀。」謹案：五臣、《晉書》作「觀」者，非。一，作「觀」，與上文「時娛觀於林麓」字重復；二、作「觀」，不能涵蓋下文「縱棹隨風，弭楫乘波。吹孤竹，拊雲和……」種種「宴居浩麗」之「樂游」。故陳、何校舉《晉書》，僅可備異聞而已。毛本從尤本等，是也。

（大夫曰若乃白商）挂青蠻　注：《爾雅》曰：蠻，墮也。郭璞曰：山墮長者，荊州為之蠻。

【陳校】

注「為之蠻」。「為」，「謂」誤。

【疏證】

奎本以下諸六臣合注本、尤本悉作「謂」。謹案：語見《爾雅注疏·釋山》，正作「謂」，本書何平叔《景福殿賦》「崔嵬蠻居」注、謝靈運《登臨海嶠初發

疆中作——》「哀猿響南巒」注、陸士衡《苦寒行》「積雪被長巒」注引並同。
然「為」與「謂」通，已見上左太沖《吳都賦》「略舉其梗概」條，不煩證矣。
毛本當有所出，陳改不必改焉。

（大夫曰楚之陽劍）斷浮翮以為工　注：《史記》：楚秦說韓王曰：韓卒
之劍當敵。

【陳校】

　　注「楚秦」。「楚」，「蘇」誤。

【疏證】

　　奎本以下諸六臣合注本、尤本悉作「蘇」。謹案：事見《史記‧蘇秦列傳》，
正作「蘇秦」。《戰國策‧韓策》述此事，冠以「蘇秦為趙楚合從說韓王曰」云
云。本書曹子建《七啟（鏡機子曰步光）》「陸斷犀象未足稱雋」注引《戰國
策》作「蘇秦」。毛本傳寫獨誤，陳校當從《史記》、尤本等正之。

（大夫曰大梁）酤以春梅　注：《廣雅》曰：沾，溢之。

【陳校】

　　「沾，溢之。」「之」，「也」誤。

【疏證】

　　奎本、明州本作「益之」。贛本、尤本作「溢也」。建本作「益也」。謹案：
語見今本《廣雅‧釋詁一》，作「沾，益也。」《說文‧水部》亦作「益也。」
「溢」，從「益」得聲，字得通。奎本傳刻以「之」、「也」形近而誤，明州本
誤踵之，毛本或誤從明州本系統。陳校當從《廣雅》、尤本等正之。

婁子之豪不能厠其細　注：《孟子》曰：離婁者，古明目者也。

【陳校】

　　注「《孟子》」下，脫「注」字。

【疏證】

　　奎本以下諸六臣合注本、尤本悉脫。謹案：《孟子注疏‧離婁章句上》下
注：「離婁者，古之明目者也。蓋以為黃帝之時人也。」正係趙岐注。本書嵇
叔夜《琴賦》「乃使離子督墨」注「《孟子》曰：離婁，黃帝時人」，「子」下亦

脫「注」字，而曹子建《七啟（鏡機子曰閒宮）》：「離婁為之失睛」注、王子淵《聖主得賢臣頌》「如此則使離婁督」注引「《孟子》云云後，並作「趙岐曰：古之明目者也」云云，楊子雲《長楊賦》「離婁燭千里之隅」注引亦有「趙岐曰」三字，何平叔《景福殿賦》「雖離朱之至精」注則作「趙岐《孟子章句》曰」云云，並得。本條，毛本蓋誤從尤本等，陳校當從《孟子注疏》、本書內證等正之。此亦可視作引注逕稱其書例。

漢皋之榛　注：郭璞《上林賦》注曰：榛，亦橘之類也。音湊。或曰榛。

【陳校】

注「或曰榛」。「榛」，「榛」誤。

【集說】

胡氏《考異》曰：注「或曰榛」。案：此下當有脫文，各本皆同，無以補之。

梁氏《旁證》曰：《晉書》「榛」作「榛」，然與韻不叶，恐誤。胡公《考異》曰：「或曰榛下，當有脫文」云云。

【疏證】

明州本以下諸六臣合注本、尤本誤同。奎本作「榛」。謹案：《漢書·司馬相如傳》「黃甘橙榛」注引「郭璞曰：黃甘，橘屬，而味精。榛亦橘之類也。音湊。張揖曰：榛，小橘也。出武陵。」無「或曰榛」三字。本書《上林賦》「黃甘橙榛」善亦引郭注，「音湊」下亦無此三字。三字疑衍。前胡、梁校未必是。毛本當誤從尤本等。陳氏與奎本合，亦非。《晉書》本傳正文譌作「榛」，此或陳所據。

乃有荊南烏程，豫北竹葉　注：盛弘之《荊州記》曰：淥水出豫章康樂縣。其間烏程鄉有酒官取水為酒，酒極甘美，與湘東酃湖酒，年常獻之，世稱酃淥酒。《吳地理志》曰：吳興烏程縣酒有名。

【陳校】

注「《吳地理志》」。「吳」下脫「錄」字。

【集說】

《讀書記》曰：「乃有荊南烏程」注「《吳錄地理志》曰：『吳興烏程縣酒

有名。」按：既云「荊南」則與吳之「烏程」不相及。「荊」、「豫」是借對字。高似孫《緯略》第十卷中所辯，得之。

胡氏《考異》曰：注「《吳地理志》曰」。何校「吳」下添「錄」字。陳同。是也，各本皆脫。

梁氏《旁證》同胡氏《考異》。

朱氏《集釋》曰：案：李氏二說並引，蓋莫定其是。高氏《緯略》曰：「(《七命》所云：荊南烏程，豫北竹葉)說者以荊南為荊州。然烏程縣在今湖州，與荊州相去甚遠。縣南五十步，有若溪。若，一作箬。居人水釀酒，俗稱箬下酒。荊溪在縣南六十里，以其水出荊山，因名之。張玄之《山墟名》云：『昔漢荊王賈登此山，故稱荊山。』所謂『荊南烏程』，即荊溪之南耳。以《湖州圖經》考之：烏程縣以古有烏氏、程氏居此，能醞酒，因此名焉。其荊溪別在長興縣西南六十里，此溪出荊山。」余謂：荊州之烏程鄉，湖州之烏程縣，俱出名酒，故易混。據《元和志》，長城縣本漢烏程縣地，有若溪水釀酒甚濃，俗稱若水酒。而荊溪別在義興縣，即今之荊溪縣，以近荊南山得名。高氏亦知荊溪之非若溪，乃附合為一，失之。「荊南」與下「豫北」對舉，當皆屬州名，則烏程之酒，仍在荊南矣。何氏從高說，非。

【疏證】

奎本以下諸六臣合注本、尤本悉脫。謹案：《新唐書・藝文志》有「張勃《吳錄》三十卷」。明・李時珍《本草綱目》卷九「滑石」集解：「張勃《吳錄地理志》」云云。《吳錄》係《吳錄地理志》之省稱。《史記・伍子胥列傳》「注張勃曰」《索隱》：「按：張勃，晉人。吳鴻臚嚴之子也。作《吳錄》裴氏注引之，是也」。毛本當誤從尤本等，陳、何從史書文獻於「吳」下補「錄」字，固是。

(大夫曰蓋有晉) 富乎有殷之在亳　注：《尚書》曰：湯既黜夏命。

【陳校】

注「《尚書》」下，脫「序」字。

【集說】

胡氏《考異》曰：注「《尚書》曰：湯既黜夏命。」陳曰云云。是也，各本皆脫。

梁氏《旁證》曰：陳校云云。各本皆脫。

【疏證】

奎本以下諸六臣合注本、尤本悉脫。謹案：語見《尚書注疏·湯誥》，正有「序」字。本書陳孔璋《檄吳將校部曲》「伊摯去夏不為傷德」注、干令升《晉紀總論》「故齊王不明不獲思庸於亳」注、陸佐公《石闕銘》「湯黜夏政」注所引並為「尚書序」，然均脫「序」字。《初學記》卷九「湯栗栗」注引亦脫「序」字。毛本誤從尤本等，陳校當從《尚書》補正。

皇道煥炳　注：《景福殿福》：樂我皇道。

【陳校】

注「景福殿福」。下「福」，當作「賦」。

【疏證】

奎本以下諸六臣本、尤本悉作「賦」。謹案：本書《景福殿賦》正有「樂我皇道」云云。毛本獨因音近而誤，陳校當從本書內證、尤本等正之。

銘德於昆吳之鼎　注：《墨子》曰：昔夏開……以鑄鼎於昆吳。蔡邕《銘論》曰：……其功銘於昆吾之冶也。

【陳校】

「銘德於昆吳之鼎。」「吳」，「吾」誤。

【集說】

顧按：「吳」即「吾」字。

梁氏《旁證》曰：六臣本校云：五臣「吳」作「吾」，翰注可證。《晉書》亦作「吾」。

徐氏《糾何》曰：何以「吳」為「吾」字之誤。案：注「吳」、「吾」二字本通。《越絕書》云：「寡人聞吾有干將，越有歐冶。」《三國志》「吳彥」亦作「吾彥」，皆足以補注義自注：「昆吾，或作錕鋙，又作錕鋙」。

胡氏《箋證》曰：五臣「吳」作「吾」，《晉書》亦作「吾」。按：善注「吳」、「吾」錯出。

許氏《筆記》曰：何改「昆吾」。案：注引《墨子》作「吳」，蔡邕《銘論》作「吾」，二字通。《越絕書》云「寡人聞吾有干將，越有歐冶」，《西征賦

注》引《列子》「東門吳」,《國策》以「吳」為「吾」,《三國志》「吳彥」亦作「吾彥」。吳、吾二字又與「虞」通。《史記‧武帝紀》引《詩》云「不虞不驚」,《封禪書》作「不吳不驚」,《漢書》「虞丘壽王」,亦作「吾丘壽王」,《詩‧騶虞》,劉芳《詩義疏》云「或作騶吾」,《山海經》「林氏有珍獸,其名騶吾。」「吾」字又與「魚」通。《列子》「姬魚語女」乃「居吾語女」也,《國語》「暇豫之吾吾」韋昭:「吾讀為魚。」古字聲相通者,皆借用之。

【疏證】

　　尤本同。奎本、明州本作「吾」,校云:善本作「吳」字;贛本、建本作「吳」,建本有校云:五臣作「吳」。五臣正德本、陳本作「吾」。謹案:《晉書》本傳、《玉海》卷八十八並注引《墨子》悉作「吾」。五臣作「吾」,翰注可證。毛本蓋從尤本。各本所見皆譌,奎本等六家本以作「吳」者善本,六臣本建本則以作「吳」者為五臣,淆亂如此。《晉書》、本書陸佐公《新刻漏銘》「有陋昆吾」注引蔡氏《銘論》作「吾」,此或陳、何改所據。然「吳」、「吾」二字本通,況自奎本正文與善注已不相應,善果為何字已不可必,理當從上文前胡「各從其舊」之說處理。「古字聲相通者皆借用之」,徐、後胡、許三家說並是,校書者正不必齗齗於此等處焉。謹又案:本書涉及吾、吳通假凡四起。其可通假者,大抵是關涉古職官名稱與古人姓氏,其讀音又與虞、魚同者,方可通假。考昆吾,蓋古掌管冶鑄之官。《逸周書‧大聚》:「乃召昆吾,冶而銘之金版,藏府而朔之。」盧文弨校引謝墉曰:「昆吾乃掌冶世官。」又,據《通志‧氏族略二》,姓氏之吾,實夏諸侯昆吾氏之後。本條許巽行已云「字又與魚通」,故「昆吳」與「昆吾」得相通假。參上王仲宣《從軍詩》「拓地三千里」,下袁彥伯《三國名臣序贊》「忠而獲戾」、陸士衡《辯亡論下》「東西同捷」諸條。

賢良詔一首　漢武帝

北發渠搜　注:應劭曰:《禹貢》:析支渠搜屬雍州,在金河關之西。

【陳校】

　　注「在金河關之西。」「金」下脫「城」字。

【集說】

余氏《音義》曰：「在金」下，何添「城」字。

胡氏《考異》曰：注「在金河關之西。」何校「金」下添「城」字。陳同。是也，各本皆脫。

梁氏《旁證》曰：何校「金」下添「城」字。陳同。

【疏證】

奎本以下諸六臣合注本、尤本悉脫。謹案：應注，見《漢書・武帝紀》「北發渠搜」注正有「城」字，同書《揚雄傳》「右渠搜」注、本書揚子雲《解嘲》「右渠搜」注引應劭說，亦並有「城」字。毛本誤從尤本等，陳、何校蓋據《漢書》、本書內證等補之。

冊魏公九錫文一首　潘元茂

使持節丞相領冀州牧武平侯　注：《魏志》曰：建康元年，天子假太祖節鉞，封武平侯。建康九年，領冀州牧也。

【陳校】

「使持節」。注中兩「建康」，並當作「建安」。

【集說】

余氏《音義》曰：「建康（元年）」，「康」，何改「安」。本條「建康（九年）」，同。

汪氏《權輿》曰：潘勖《九錫文》注引「《魏志》曰：建康元年」云云。按：「建康」，乃順帝之號，當作「建安」。

梁氏《旁證》曰：注「建康元年」，余校「康」改「安」。下「建康九年」同。

【疏證】

奎本以下諸六臣合注本、尤本悉作「安」。謹案：事見《魏志・武帝紀》。字正作「安」。毛本傳寫之譌。陳、何當據《魏志》、尤本等改正。梁氏誤本條作「余校」，非。

越在西土，遷于唐衞　注：范曄《後漢書‧獻帝紀》曰：初平元年，遷都長安。興平二年，車駕東歸。李傕、霍復追戰……帝渡河幸長安。建安元年六月。

【陳校】

注「李傕」。傕，「催」誤。又「渡河幸長安」。「長安」，當作「安邑」。

【集說】

余氏《音義》曰：「長安建」。「長安」，何改「安邑」。

梁氏《旁證》曰：注「幸長安」。余校「長安」改「安邑」。元槧本亦作「安邑」。

【疏證】

奎本、明州本、尤本作「傕」，贛本、建本作「催」。奎本以下諸六臣合注本、尤本悉作「安邑」。謹案：事見《後漢書‧獻帝紀》，字作「李傕」、「安邑」，《魏志‧武帝》同。本書《贈士孫文始》題下注引「李傕」。《敦煌文獻》S.214《燕子賦》「若欲磏論宅舍，請乞陪酬其宅價」。「磏」乃「確」之俗。（黃征《敦煌俗字典》第333頁）可悟傕，當「催」之俗字，毛本從俗，蓋依尤本等爾，然並非譌誤，陳亦不必改毛焉。贛、建二本作「催」，則形近誤字。「長安」，則毛本涉上文而譌，陳、何蓋據《後漢書》、尤本等改正。梁氏《旁證》亦誤本條作「余校」。贛、建二本作「催」，則形近誤字耳。

股肱先正　注：《尚書》又曰：亦惟先正。鄭玄曰：先正，先臣，為公卿大夫。

【陳校】

注「為公卿」。「為」，「謂」誤。

【集說】

胡氏《考異》曰：注「為公卿大夫也。」陳曰云云。是也，各本皆誤。

梁氏《旁證》曰：陳校「為」改「謂」。《魏志注》可證。

【疏證】

奎本以下諸六臣合注本、尤本悉同。謹案：毛本當從尤本等。《魏志‧武帝》「惟祖惟父，股肱先正」裴注引《文侯之命》曰：「亦惟先正。鄭玄云：

『先正，先臣，謂公卿大夫也。』」此當陳校所據，然或李善所見本如此，與裴注不同，況且「為」與「謂」通，屢見上文，陳正不必改也。前胡、梁氏亦非。

保乂我皇家　注：《尚書》：周公曰：天受平格，保乂有殷。

【陳校】

注「天受平格」。「受」，「壽」誤。

【疏證】

明州本同。奎本、贛本、尤本、建本作「壽」。謹案：語見《尚書注疏·君奭》，正作「壽」。

《玉海》卷二百四引同。明州本首因音近而誤，毛本當誤從明州本系統，陳校當從《尚書》、尤本等正之。

羣后失位　注：《左氏傳》：王子朝告于諸侯曰：釋位以間王政。服虔曰：諸侯釋其私政而佐王室。

【陳校】

「失」，「釋」誤。

【集說】

孫氏《考異》曰：「失」是「釋」字之誤，觀注可見。《魏志》亦作「釋」。

胡氏《考異》曰：「羣后失位。」袁本、茶陵本「失」作「釋」，云：善作「失」。案：善引《左傳》注「釋位」，是自作「釋」，但傳寫誤為「失」耳。陳曰云云。是矣，《魏志》亦作「釋」。

梁氏《旁證》曰：六臣本「失」作「釋」，《魏志》亦作「釋」。案：李注引《左傳》注「釋位」，亦當作「釋」，但傳寫偶誤。

胡氏《箋證》曰：按：注引《左傳》以注正文「釋位」，則作「失」者誤。六臣本作「釋」。

許氏《筆記》曰：依注作「釋位」。嘉德案：袁、茶本作「釋」，是也。云：「善作失」，非。《魏志》亦「釋」。

【疏證】

尤本同。奎本以下諸六臣合注本作「釋」，校云：善本作「失」。謹案：語

見《春秋左傳注疏・昭公二十六年》。《藝文類聚》卷五十三引潘文作「釋」。
《魏志・武帝》作「釋」，裴注引《左傳》及服虔，與善注同。但觀注引服虔
說，亦明李善不作「失」。尤本誤從明、贛二本校語，毛本則因襲尤本。陳校、
前胡說皆是。

韓暹楊奉，專用威命　注：《魏志》曰：太祖遂至洛陽，遄走。

【陳校】

　　注「至洛陽，遄走」。「陽」下，脫「暹」字。

【集說】

　　胡氏《考異》曰：注「遄走」。陳曰云云。是也，各本皆脫。

　　梁氏《旁證》曰：陳校「遄」上添「暹」字。是也，各本皆脫。

【疏證】

　　明州本、贛本、尤本、建本脫同。奎本脫「暹遄走」三字。謹案：《魏志・
武帝紀》有「暹」字，「洛陽」下，有「衛京都」三字。《通志・武帝紀》同。
遄走者，韓暹也。若無「暹」字，遄走者則誤為太祖矣。毛本誤從尤本等，陳
校當從《魏志・武帝》補之。

乘軒將返　注：《左氏傳》曰：楚王告令尹，改乘轅而北之。

【陳校】

　　「軒」，五臣作「轅」。今據注，似善本亦作「轅」也。

【集說】

　　孫氏《考異》曰：「軒」，《魏志》作「轅」。據善注引《左傳》語，當從
《魏志》。

　　胡氏《考異》曰；「乘軒將反。」陳曰云云。案：「軒」，但傳寫誤也，《魏
志》亦作「轅」。

　　梁氏《旁證》曰：《魏志》「軒」作「轅」。五臣亦作「轅」，向注可證。
案：李注引《左傳》亦當作「轅」。此傳寫偶誤。

　　胡氏《箋證》曰：《旁證》曰：「《魏志》『軒』作『轅』，五臣亦作『轅』。
善注引《左傳》改『乘轅』，則亦當作『轅』。此傳寫誤。」

　　許氏《筆記》曰：依注作「乘轅」。《魏志》作「轅」。嘉德案：茶本云五

臣作「轅」。陳云據注善作「轅」。

【疏證】

尤本同。奎本、明州本作「轅」，校云：善本作「軒」。贛本、建本作「軒」，校云：五臣作「轅」。謹案：事見《魏志·武帝紀》，正作「轅」。尤本誤從贛本及其校，毛本則因襲尤本等。前胡等據《魏志》說，是，陳校可去「似」字，不必疑焉。

袁紹逆常，謀危社稷　注：《魏志》曰：紹擇精卒十萬、騎萬四，將攻許。

【陳校】

注「騎萬四。」「四」，「匹」誤。

【集說】

余氏《音義》曰：「萬四」。「四」，何改「（一）〔匹〕」。

【疏證】

奎本以下諸六臣合注本、尤本悉作「匹」。謹案：《魏志·袁紹傳》正作「匹」。唐·趙蕤《長短經·霸圖》自注引《袁紹傳》亦作「匹」。毛本獨因形近而誤，陳校當從《魏志》、尤本等正之。

致屆官渡，大殲醜類　注：《毛詩》曰：致天之罰屆于牧野。

【陳校】

注「致天之罰屆于牧野。」「罰」字衍、「野」上脫「之」字。

【集說】

胡氏《考異》曰：注「致天之罰屆」。陳曰云云。是也，各本皆衍。

梁氏《旁證》曰：陳校去「罰」字。是也，各本皆衍。毛本「牧」下脫「之」字。

【疏證】

建本同。奎本、明州本、尤本衍同、有「之」字。贛本無「罰」、有「之」。謹案：語見《毛詩·魯頌·閟宮》，正無「罰」、有「之」字。《北堂書鈔》卷十三引、《魏志·武帝紀》裴注引、本書任彥昇《宣德皇后令》「致天之屆」注

引《毛詩》並同。又，陸士龍《大將軍讌會被命作詩》「致天之屆，于河之沂」注引無「罰」字。贛本最是。毛本當誤從建本，陳校當從《毛詩》、本書內證、贛本等正之。奎本等「罰」字，蓋涉注下文「致天所以罰殛紂」云云而衍。

束馬懸車，一征而滅　注：《魏志》曰：君北征三郡、烏丸，……斬蹹頓，奔遼東。

【陳校】

　　注「君北征」。「君」，「公」誤。「奔遼東」。「奔」上，脫「尚熙」二字。

【集說】

　　余氏《音義》曰：「奔遼東」上，何增「尚」字。

　　胡氏《考異》曰：注「北征三郡、烏丸」。陳云「君，公誤。」是也，各本皆誤。又曰：注「尚奔遼東」。袁本、茶陵本無「尚」字，陳云：「脫『尚熙』二字。」是也。

　　梁氏《旁證》曰：陳校「君」改「公」。各本皆誤。尤本「奔」上有「尚」字。陳校添「尚熙」二字，是。

【疏證】

　　明州本、建本皆同。奎本作「君」、有「尚熙」二字。贛本誤作「右」、脫「尚熙」。尤本作「君」、有「尚」字。謹案：事見《魏志·武帝紀》，正作「公」、有「尚熙」二字，《冊府元龜》卷九百八十三同。毛本當誤從建本等，何校「尚」下仍脫一字，陳校、《考異》說，始得其實。

劉表背誕　注：《左氏傳》：楚王州犁謂鄭行人揮曰：子姑憂子皙之欲背誕也。

【陳校】

　　注「楚王」。「王」，「伯」誤。

【疏證】

　　奎本以下諸六臣合注本、尤本悉作「伯」。謹案：語見《春秋左傳注疏·昭公元年》，正作「楚伯」，《太平御覽》卷四百六十九、《冊府元龜》卷七百九十五、《文章正宗》卷五引並同。本書劉伯倫《酒德頌》「有貴介公子」注、沈休文《齊故安陸昭王碑文》「況我君斯皇之介弟」注引《左氏傳》並作「伯州

犂」。毛本獨傳寫而譌，陳校當從《左傳》、本書內證、尤本等正之。

馬超成宜 注：《魏志》曰：關上諸將馬超、韓遂、成宜等反。

【陳校】

注「關上諸將」。「上」，「中」誤。

【集說】

余氏《音義》曰：「關上」。「上」，何改「中」。

【疏證】

奎本以下諸六臣合注本、尤本悉作「中」。謹案：事見《魏志·武帝紀》，正作「中」，《長短經·霸圖》引同。本書潘安仁《西征賦》「韓馬之大憝，阻關谷以稱亂」注引《魏志》亦作「中」。毛本傳寫而譌，陳、何當據《魏志》、本書內證、尤本等正之。

鮮卑丁令⋯⋯單于白屋 注：張茂先《博物志》曰：北方五狄：一曰匈奴，二曰穢貊，三曰密吉，四曰單于，五曰白屋。然，⋯⋯單于，今之契丹也。本並以算于為單于，疑字誤也。算音必計反。劉淵林《魏都賦注》曰：北羈單于白屋。范曄《後漢書》曰：（北羈）單于謂耿恭曰：若降者，當封為白屋王。

【陳校】

注「四曰單于。」「單」，「算」誤。

【集說】

顧按：（「單，算誤」下）正文有。

胡氏《考異》曰：「算于白屋。」袁本、茶陵本「算」作「單」。案：二本是也。注云「本並以『算于』為『單于』，疑字誤也。」可見正文作「單」，故善依《博物志》定為「算」。若先作「算」，與注不相應矣。尤延之校改似是實非。《魏志》作「單」，即善所謂「本並以為單」者。又曰：「注劉淵林《魏都賦注》曰：北羈單于白屋」，案：此有誤也。張載注《魏都》，不得言「劉淵林」。又，「單」，依文當作「算」。今彼注作「北羈單于于白屋」，蓋亦誤。

梁氏《旁證》曰：尤本「單」作「算」。胡氏《考異》曰云云。

朱氏《集釋》曰：「算于白屋」注引《博物志》之「算于」，而云「本並以

『篅于』為『單于』，疑字誤也。」案：胡氏《考異》謂：「正文作單，善依《博物志》定為篅。」蓋篅與單，字形相近也。余考《王制》：「北方為狄」《正義》引李巡注：「《爾雅》曰：『一曰月支，二曰穢貊，三曰匈奴，四曰單于，五曰白屋。』」段氏校本「單」亦改「篅」，當即本此。或以「單于」為匈奴之號，非別一種故耳。但《說文》無「篅」字，《魏志》自注：卷一《武帝紀》。載此文正作「單于」，而善注下文又引《魏都賦》注「北羈單于白屋」及《後漢書》「單于謂耿恭曰：若降者，當封為白屋王」以證，是善意不以作「單」為誤，惟正文作「篅于」，故云「本並以『篅于』為『單于』」，若本作「單于」，則此語不可通。《考異》說，非。至匈奴號「單于」者，北狄之中匈奴最強大，豈既吞並單于之地，誇其雄長，遂自稱大單于與？善「疑字誤」，似即疑「篅」字之誤。

許氏《筆記》曰：注「四曰單于。」又「單于今之契丹。」二「單」字，何並改「篅」。案：李注原作「篅于」，故曰「本並以『篅于』為『單于』，疑字誤也。」嘉德案：篅于，契丹也。今他書「篅于」多作「單于」。

黃氏《平點》曰：「篅于」，《魏志》及別本作「單于」，然未可輒改。

【疏證】

尤本正文、注引《博物志》中二「單」字並作「篅」。奎本「四曰」下作「篅」，餘同。明州本、贛本、建本咸同毛本。五臣正德本、陳本作「單于」。謹案：「四曰」下當作「篅」，毛本蓋誤從建本等，陳校當據善注改，是也。朱氏《集釋》大殊前胡。分歧在正文，前胡主「單」、朱主「篅」。前胡以為：李善所見本正文作「單」、注引《博物志》為「篅」。注與正文理當相應，但誤在注，善故不改正文，祇在注中出校。李善之依據是《魏志》作「單」。朱氏則以善所見正文為「篅」，因「不以作單為誤」，故善有「本並以『篅于』為『單于』」之校。兩家都承認善不以「單」為誤，「篅」是誤字。關鍵在對善此校之理解，而癥結惟在善校中「本」字何指。前胡以善校之「本」，蓋指《博物志》，而非《選》文，故而尤本改文作「篅」，「似是實非」；注引《魏都賦》注之「單」，「依文當作篅」，蓋彼亦出《博物志》。今按「本並以篅于為單于，疑字誤也」，蓋承上《博物志》云云而來，前胡之理解是對的。朱氏則以善校之「本」指《選文》。此是誤解善注。蓋若以正文為「本」，如何解釋「並以」？「並以」者，必當不止一處出現「以篅于為單于」之現象，正文固無法分身也。朱亦誤解前胡。朱云「善意不以作單為誤」，言下之意，

前胡以作「單」為誤。其實，前胡亦以《博物志》作「箄」為非。其以袁本、茶陵二本作「單」為是、尤本改「箄」為非，是明證。此可能是前胡一語引起之誤解。前胡云：「《魏志》作單，即善所謂本並以為單者」。此語前胡蓋節取善注，僅就作「單」者而言，易被誤解成前胡以善所謂「本」是指「魏志」矣。其實，李善所謂「本」，乃指以「箄」為「單」之《博物志》。正是《博物志》注兩見「單（箄）于」，可當「並以」一語。《集釋》又以善注下文引《魏都賦》注及《後漢書》用「單于」，以證善不以作「單」為誤，是歪打正着，其實善此二條，乃釋「白屋」而非「單于」矣。否則，焉有疊援三條資料以釋一詞者？陳、何校改注中兩「單」字而不改正文，是也。又，本條「《博物志》」上，奎本、明州本、贛本皆有「《毛詩疏》」三字，蓋善見《博物志》乃轉引自「《毛詩疏》」爾。尤本脫此三字，建本刓去有跡，蓋如毛本，誤從尤本耳。附記於此。

又注：劉淵林《魏都賦注》曰：北羈單于白屋。

【陳校】

　　注「北羈單于」。「羈」字，衍。

【集說】

　　胡氏《考異》曰：注「劉淵林《魏都賦注》曰：北羈單于白屋」。按此有誤也。張載注《魏都》，不得言劉淵林。又，「單」，依文當作「箄」。今彼注作「北羈單于于白屋」，蓋亦誤。

　　梁氏《旁證》曰：案：「劉淵林」當作「張孟陽」。今《魏都賦》注，在「褫威八紘」句下。

【疏證】

　　奎本以下諸六臣合注本、尤本悉同。謹案：語見《魏都賦》「褫威八紘」注：「褫威八紘，荒阻率由者，謂北羈單于于白屋，東懷孫權于吳會」。然則，「羈」字非衍，蓋「于」下脫一「于」字。毛本當誤從尤本等，陳校亦非。

敦崇帝族，援繼絕世

【陳校】

　　二句當指瑯琊順王容薨，國絕。建安十一年，魏武復立容子熙為王，事見范《史》。

【疏證】

　　諸《文選》本同。謹案：此釋文意。無關校勘。事見《後漢書・琅邪孝王京傳》。

錫以二輅　注：《左氏傳》曰：王策命晉侯為侯伯，賜之大輅、我輅。

【陳校】

　　注「大輅、我輅。」「我」，「戎」誤。

【疏證】

　　奎本以下諸六臣合注本、尤本悉作「戎」。謹案：語見《春秋左傳注疏・僖公二十八年》，正作「戎」，《白孔六帖》卷四十九「《冊魏公文》曰」注同。《國語・周語上》「遂為踐土之盟」注作「賜之大輅之服、戎輅之服」。亦作「戎」，可為旁證。毛本獨形近而誤，陳校當從《左傳》、尤本等正之。

罔不率俾　注：《尚書》注曰：海隅日出，罔不率俾。

【陳校】

　　注「《尚書》注」。「注」字衍。

【集說】

　　梁氏《旁證》同陳校。

【疏證】

　　奎本、明州本、贛本、尤本衍同。建本刓去有跡。謹案：語見《尚書注疏・君奭》，正非注文（惟「日出」，今本作「出日」）。《魏志・武帝紀》「莫不率俾」裴注引「《君奭》曰：海隅出日，罔不率俾」云云，同。毛本衍當誤從尤本等，陳校當從《尚書》等刪之。

君敦尚謙讓　注：杜預《左氏傳》曰：尚，上也。

【陳校】

　　注「《左氏傳》」下，脫「注」字。

【集說】

　　胡氏《考異》曰：注「杜預《左氏傳》曰」。何校「傳」下添「注」字，陳同。各本皆脫。

梁氏《旁證》同胡氏《考異》。

【疏證】

奎本以下諸六臣本、尤本悉脱「注」字。謹案：語見《春秋左傳注疏・襄公二十七年》「王曰：尚矣哉」杜注。本書王仲宣《贈文叔良》「尚哉君子」注引亦脱「注」字。陳、何當從《左傳》補之。

君冀宣風化　注：《尚書》曰：予欲左右有民，汝翼。

【陳校】

「冀」，「翼」誤。

【疏證】

諸《文選》本咸作「翼」。奎本以下諸六臣合注本、尤本注亦作「翼」。謹案：《尚書》，見《益稷》篇，正作「翼」字，《魏志・武帝》同。五臣亦作「翼」，翰注可證。毛本獨因形近而誤，陳校當據善注、尤本等正之。

折沖四海　注：《晏子春秋》：孔子曰：不出樽俎之間，而折衝千里之外，子之謂也。

【陳校】

注「子之謂也。」「子」上脱「晏」字。

【集說】

胡氏《考異》曰：注「子之謂也。」陳曰云云。是也，各本皆脱。

梁氏《旁證》曰：陳校「子」上添「晏」字。是也，各本皆脱。

【疏證】

奎本以下諸六臣合注本、尤本悉脱。謹案：語見《晏子春秋・內篇》，正有「晏」字。本書張景陽《雜詩》（朝登）「折衝樽俎間」注、孫子荊《為石仲容與孫皓書》「折衝萬里」注、陳孔璋《為袁紹檄豫州》「折衝宇宙」注、陸士衡《演連珠》（臣聞良宰）「是以三晉之強屈於齊堂之俎」注、潘安仁《楊荊州誄》「折衝萬里」注引並有「晏」字。此毛本傳寫偶脱，陳校當從《晏子春秋》、本書內證等補之。

文選卷三十六

宣德皇后令一首　*任彥昇*

使荃宰有寄　注：《晉中興書》：孝武昭曰。

【陳校】

注「孝武昭」。「昭」，「詔」誤。

【疏證】

奎本以下諸六臣合注本作「孝昭」。《集注》本、尤本作「詔」。謹案：本書顏延年《車駕幸京口侍遊蒜山作》「宣遊弘下濟」注引《晉中興書》，亦作「孝武詔曰」云云，詔內容不同，然可為「孝武詔」佐證。毛本從尤本而傳寫有誤，陳校當從本書內證等正之。

六百之秩　注：《漢書》曰：琅邪鄭曼容，養志以自修。

【陳校】

注「鄭曼容」。「鄭」，「邴」誤。

【疏證】

《集注》本、奎本、尤本作「邴」。明州本、贛本、建本省作「善同銑注」，銑注亦作「邴」。謹案：語見《漢書·兩龔傳》云：「初，琅邪邴漢，亦以清行徵用。……漢兄子曼容，亦養志自修。為官不肯過六百石，輒自免去。其名過出於漢。」曼容，其字，名見《施讎傳》，曰：「琅邪邴丹曼容，著清名。」《冊

－1311－

府元龜》卷七百八十五、卷八百十三、《古今事文類聚》前集卷三十二引、本書謝靈運《還舊園作見顏范二中書》「偶與張邴合」注、謝靈運《初去郡》「薄游似邴生」注引並作「邴」。毛本獨因形近傳寫而誤，陳校當從《漢書》、本書內證、尤本等正之。

為宋公脩張良廟教一首　傅季友

微管之歎　注：《論語》：子曰：微管仲，吾其被髮左任矣。

【陳校】

注「左任」。「任」，「衽」誤。

【疏證】

《集注》本、奎本、尤本作「衽」。明州本、贛本、建本作「善同銑注」，銑注亦作「衽」。謹案：語見《論語注疏·憲問》，作「衽」，《冊府元龜》卷八百三十引、本書潘安仁《西征賦》「或被髮左衽」注、謝玄暉《和王著作八公山詩》「微管寄明牧」注、任彥昇《百辟勸進今上牋》「歎深微管」注引《論語》亦作「衽」。《漢書·韋賢傳》、《太平御覽》卷三百七十三、《冊府元龜》卷五百七十三、《古今事文類聚》後集卷二十等引並作「衽」。衽，見《說文·衣部》，是正字。《集韻·沁韻》：「衽，衣衿也。或從任。」《正字通·人部》：「任與妊、姙同。」因疑「任」，亦與「衽」、「衽」同。毛本作「任」，當有所從，不必改；陳校則從《論語》、本書內證、尤本等耳。

若乃交神圯上，道契商洛　注：《答賓戲》曰：齊寗激聲于康衢，漢良……匪詞言之所信……詩注。袁宏《三國名臣贊序》曰：體分真固，……《漢書》曰：上竟不易太子者，良本召此四人之力也。

【陳校】

注「所信」。「所」，「（取）〔所〕」誤。「真固」。「真」，「冥」誤。「召此四人」。「召」，「招」誤。

【集說】

胡氏《考異》曰：注「良本召此四人之力也。」陳云：「召，招誤。」是也，各本皆誤。

梁氏《旁證》曰：陳校「召」改「招」。各本皆誤。

【疏證】

　　《集注》本作「所」、「冥」、「招」。奎本、明州本、尤本、建本作「所」、「冥」、「召」。贛本作「冥」、引《答賓戲》無「漢良」下至「詩注」三十一字，「匪詞言之所信」在其中、作「召」。謹案：本書《答賓戲》作「所」，《漢書・敘傳》、《藝文類聚》卷二十五同；《三國名臣贊序》正作「冥」，《晉書・袁宏傳》同。《漢書・張良傳》正作「招」。《史記・留侯世家》同。毛本「斫」，疑為「所」之俗譌字；「真」與「冥」，形近而誤；「召」與「招」音同、並有「招致」、「邀請」義，實可通。陳校亦得失參半。周鈔「所」譌「取」，今已正之。

永嘆寔深　注：《毛詩》曰：寤寐永歎也。

【陳校】

　　注「寤寐永歎」。「寤」，「假」誤。

【集說】

　　胡氏《考異》曰：注「寤寐永歎」。陳曰云云。是也，各本皆誤。
　　梁氏《旁證》曰：陳校「寤」改「假」。各本皆誤。

【疏證】

　　明州本、贛本、尤本、建本同。奎本作「寢」。《集注》本作「寐寤」。謹案：語見《毛詩注疏・小雅・小弁》，字作「假」。本書嵇叔夜《贈秀才入軍（閑夜）》「能不永歎」注、陸士衡《赴洛詩》「永歎結遺音」注、陸士衡《挽歌詩（重阜）》「永歎莫為陳」注、《古詩十九首（涉江）》「憂傷以終老」注、潘元茂《冊魏公九錫文》「夙興假寐」注引並作「假」。毛本當誤從尤本等。《集注》本、奎本亦誤。陳校當從《毛詩》、本書內證等正之。

為宋公脩楚元王墓教一首　　傅季友

追甄壝墓　注：《漢書・高紀》：詔曰：秦始皇守冢三十家，魏公子元忌五家也。

【陳校】

　　注「元忌」。「元」，「无」誤。

【疏證】

奎本、尤本、建本作「無」。《集注》本、明州本、贛本作「无」。謹案：語見《漢書·高帝紀下》字作「亡」，本書張士然《為吳令謝詢求為諸孫置守塚人表》「凡諸絕祚一時並祀」注引同。《史記·高祖本紀》作「無」。「亡」，與「無」同。「无」與「元」，則皆「無」之俗寫字。《敦煌文獻·御制金剛般若波羅密經宣演卷上》：「至化洽於無限，玄風昌於有截」，「無」字即作「无」第2173頁；S.6981V《十恩德》：「慈親身重力全無」，「無」作「元」。《敦煌俗字典》第430～431頁皆其證。然則，毛本係用俗字，並非誤字。陳不改亦得。

永平九年策秀才文五首　王元長

（問秀才高第）雖言事必史　注：范曄《後漢書》曰：靈帝嘉平中，有何人書朱雀闕。

【陳校】

注「嘉平中」。「嘉」，「熹」誤。

【疏證】

《集注》本、奎本以下諸六臣合注本誤同。尤本作「熹」。謹案：語見《後漢書·曹節傳》，作「熹平元年，竇太后崩。有何人書朱雀闕」云云。《冊府元龜》卷六百六十九引略同，惟已截去中「竇太后崩」四字。毛本誤從建本等，靈帝，年號熹平。陳氏史家，應手可正，諒無待《後漢書》、尤本等耳爾。

以光四科之首　注：崔寔《政論》曰：詔書：故事：三公辟召，以四科取士：一曰……三曰：明曉法令，足以決疑。能按章覆問。

【陳校】

注「能按章覆問」。一作「才中御史」。

【疏證】

奎本、尤本作「能按章覆問」，銑注複出作「才中御史」。明州本刪去善注「以四科取士」以下文字，留銑注「才中御史」，贛本、建本同。《集注》本作「能按章覆問，文中御史。」謹案：檢《宋書·百官志下》曰：「漢武帝納董仲舒之言。元光元年，始令郡國舉孝廉，……限以四科：一曰德行高妙，志

節清白；二曰學通行修，經中博士；三曰明習法令，足以決疑，能案章覆問，文中御史；四曰剛毅多略，遭事不惑，明足決斷，材任三輔縣令。」記郡守「四科」制最備，正作「文中御史」，《東漢會要・公府選舉》同。《文選》諸本，多有刪節闕逸，惟以《集注》本為得，「文中御史」亦不誤。陳校作「才」，亦不得要領也。

（又問昔周）賈生置言

【陳校】

「置」，「直」誤。

【集說】

余氏《音義》曰：「置」，六臣作「直」。

許氏《筆記》曰：「置言」，一作「直言」。

【疏證】

《集注》本同。諸《文選》本中，惟贛本作「直」，其餘咸作「置」。謹案：《白孔六帖》卷三十六「廢藉田」條注引亦作「置」。《墨子・雜守》：「民獻粟米布帛金錢牛馬畜產，皆為置平賈，與主券書之。」《號令篇》作「皆為平直其賈」，是「置」與「直」通假之證。（孫詒讓《閒詁》疑「置平，亦平直之誤」說，恐非。）然則，毛本從尤本等未必誤，陳校失之。

祥正而青旗肅事，土膏而朱紘戒典　注：《禮記》又曰：昔天子為藉田于畝。

【陳校】

注「藉田于畝」。「于」，「千」誤。

【疏證】

《集注》本、奎本以下諸六臣合注本、尤本悉作「千」。謹案：語見《禮記注疏・祭義》，正作「千」字，《太平御覽》卷五百三十七引同。《漢書・郊祀志》作「籍田千畝」。本書《魏都賦》「藉田以禮」注、潘安仁《藉田賦》「藉于千畆之甸」注、陸士衡《答張士然》「躑躅千畝田」注引《禮記》，並作「千」。毛本獨因形近而誤，陳校當從《禮記》、本書內證、尤本等正之。

（又問聚人）既龜具積寢　注：《漢書》曰：王莽居攝，更作金銀、龜貝、錢布之品。

【陳校】

「具」，「貝」誤。

【疏證】

奎本以下諸六臣合注本、尤本悉作「貝」。謹案：《漢書》，見《食貨志下》，正作「龜貝」。《初學記》卷二十七引同。《白孔六帖》卷八「契刀錯刀」注引亦同。但據善注，正文固當作「貝」。毛本獨因形近而誤，陳校當據《漢書》、善注、尤本等正之。

事茲鎔範　注：《漢書》曰：治鎔炊炭。

【陳校】

注「治鎔炊炭」。「治」，「冶」誤。

【疏證】

奎本以下諸六臣合注本、尤本作「冶」。謹案：語見《漢書·食貨志》，正作「冶」字，《冊府元龜》卷四百九十九同。毛本獨形近而譌，陳校當從《漢書》、尤本等正之。

（又問治歷）治歷明時，昭遷革之運　注：《毛詩》曰：去殷之惡，就周之德。

【陳校】

注「《毛詩》曰」。「曰」下，脫「帝遷明德，鄭玄《箋》曰：天意」十字。

【集說】

胡氏《考異》曰：注「《毛詩》曰：去殷之惡」。陳曰云云。案：所校是也。引此者注正文「遷」字。

梁氏《旁證》曰：陳校云云。是也。引此以注上文「遷」字耳。

【疏證】

奎本以下諸六臣合注本、尤本悉脫。謹案：《毛詩》，見《大雅·皇矣》篇，正有「帝遷明德」以下十字。若不補足此十字，無以釋正文「遷」字，前

胡言是矣。本書《齊敬皇后哀策文》「帝遷明命」注亦引「《毛詩》曰：帝遷明德，串夷載路」云云，以注正文「遷」字。毛本誤從尤本等，陳校當從《毛詩》、本書內證等正之。

永明十一年策秀才文五首　王元長

（問秀才）如傷之念恒軫　注：《左氏傳》：馮滑曰：國之興也，視人如傷。

【陳校】

注「馮滑」。「馮」，「逢」誤。

【疏證】

奎本以下諸六臣合注本、尤本悉作「逢」。謹案：語見《春秋左傳注疏·哀公元年》，正作「逢」，《冊府元龜》卷二百五十、卷七百四十二同。本書潘安仁《關中詩》、《楊荆州誄》及《夏侯常侍誄》「視民如傷」注引並作「逢」。毛本獨因音近而誤，陳校當從《左傳》、本書內證、尤本等正之。

必盈七月之歎　注：《毛詩》曰：七月何火，九月授衣。無衣無褐，何以卒歲？

【陳校】

注「七月何火。」「何」，「流」誤。

【集說】

胡氏《考異》曰：注「《毛詩》曰」下至「何以卒歲」，此十九字袁本、茶陵本無。

【疏證】

尤本同。奎本同，又有翰注曰「《豳風·七月》詩云：無衣無褐，何以卒歲」云云。明州本、刪善注十九字，存翰注，贛本、建本誤踵之。謹案：循例，善當有注，明州本首刪，非。毛本當從尤本，而獨誤作「何」字。本書張平子《南都賦》「若乃大火流」注、潘安仁《秋興賦》「望流火之餘景」注、謝靈運《永初三年七月十六日之郡初發都》「火旻團朝露」注、張景陽《雜詩（秋夜）》「大火流坤維」注引《毛詩》並作「流火」。陳校當應手可正。無煩披《豳

風・七月》、稽本書內證、驗尤本焉。前胡未能正袁本、茶陵本之脫。二本蓋分別遠宗裴本、贛本爾。

豈布政未優，將罷民難業　注：《毛詩》曰：敷政優優，百祿是道。《周禮》曰：以圜士教罷民。

【陳校】

注當引《左氏傳》「布政優優。」又「圜士」。「士」，「土」誤。

【疏證】

奎本以下諸六臣合注本、尤本悉作「土」。謹案：《周禮》，見《秋官・司寇》，正作「圜土」。本書江文通《詣建平王上書》「而下官抱痛圜門」注、司馬子長《報任少卿書》「幽於圜牆之中」注、王元長《三月三日曲水詩序》「鞠茂草於圜扉」注引並作「圜土」。毛本獨因形近而誤，陳校當從《周禮》、本書內證、尤本等正之。陳校謂「注當引《左氏傳》『布政優優』」之說，未免失考。《毛詩》，見《商頌・長發》之篇。《左傳》實亦出《毛詩》。祗是李善所見《毛詩》本作「敷」，與杜預所持本作「布」不同而已。檢「布政優優，百祿是道」八字，於《左傳》凡二見：一見於《左傳・成公二年》：作「《詩》曰：布政優優」云云；再見於《昭公二十年》。下一處雖未冠《詩》名，然乃緊接「又曰：不競不絿，不剛不柔」而來，是已為《左傳》引《毛詩》明證；而「又曰」二字復遙應前「《詩》曰：民亦勞止」而下。陳氏罔顧《左傳》上文，出此校亦疏矣。此陳校雖似論善之注，實亦關涉校勘也。

（又問昔者）日置醇酒　注：《漢書》曰：（曹）參輒飲以醇酒。度之欲有言，復飲。醉而復去，終莫得開說。

【陳校】

注「醉而復去。」「復」，「後」誤。

【疏證】

奎本以下諸六臣合注本、尤本悉作「後」。謹案：語見《漢書・曹參傳》，正作「後」，《史記・曹相國世家》同。《藝文類聚》卷四十五、《太平御覽》卷二百四、卷四百九十七引、《北堂書鈔》卷三十六「曹參為相不事」注引亦同。毛本蓋涉上文獨誤，陳校當從《漢書》、尤本等正之。

故能出入於阽危之域　注：阽危，已見謝朓《入公山詩》。

【陳校】

注「入公山」。「入」，「八」誤。

【疏證】

奎本誤同。明州本、尤本作「八」。贛本、建本複出，無此十字注。謹案：謝《和王著作八公山詩》，載在本書，正作「八」，本書桓元子《薦譙元彥表》「鯨鯢既懸」注引謝詩，同。毛本或手民之誤，陳校從本書內證、尤本等正之。

（又問朕聞上智）拯溺無待於規行　注：《抱朴子》曰：規行矩出，不可以救火拯溺也。

【陳校】

注「規行矩出。」「出」，「步」誤。

【集說】

余氏《音義》曰：「矩出」。「出」，何改「步」。

梁氏《旁證》曰：毛本「步」誤「出」。

【疏證】

奎本以下諸六臣合注本、尤本悉作「步」。謹案：語見晉‧葛洪《抱朴子外篇‧博喻》，正作「步」字，《記纂淵海》卷五十二引《抱朴子》同。本書陸士衡《長安有俠邪行》「投足緒已爾」注亦作「規行矩步。」毛本獨因形近而誤，陳校當從《抱朴子》、本書內證、尤本等正之。

文儒是競　注：《論衡》曰：夫文儒之力過儒生，況文史也。

【陳校】

注「沉文史也」。「沉」，「況」誤。

【疏證】

奎本以下諸六臣合注本、尤本悉作「況」。謹案：語見《論衡‧效力篇》，今本作「況文吏乎？」「況」、「沉」字，毛本獨因形近而誤，陳校當從《論衡》、尤本等正之。

昔宋臣以禮樂為殘賊　注：《孫卿子》曰：墨子賤禮樂而貴勇力，貧則為盜，富則為賤。治出反是。

【陳校】

　　注「富則為賤。治出反是。」「賤」，「賊」誤、「出」，「世」誤。

【集說】

　　余氏《音義》曰：「則為賤」。「賤」，何改「賊」。

　　胡氏《考異》曰：注「貪則為盜，富則為賤。」案：「貪」當作「貧」。何校「賤」改「賊」，陳同。是也，此所引《樂論篇》文。

　　梁氏《旁證》曰：胡公《考異》曰云云。

【疏證】

　　奎本、明州本、尤本、建本同。贛本作「賊」、「世」，是；然亦有一「貪」字譌。謹案：語見《荀子‧樂論篇》，楊倞註本作「墨賤禮義而貴勇力，貧則為盜，富則為賊。治世反是也。」貧與富、賊與盜，正相對為文。作「賤」者，奎本蓋涉上文而誤，明州本等誤踵之，毛本則誤從尤本；作「出」者，毛本獨因形近而誤耳。陳校當從《荀子》、贛本等正之。

四民富而歸文學　注：《管子》曰：士農工商四民者，國之右民也。

【陳校】

　　注「國之右民」。「右」，「正」誤。

【疏證】

　　贛本同。奎本、明州本、尤本、建本作「石」。謹案：語見《管子‧小匡》。毛本誤從尤本，復因形近而誤，陳校當據本書《籍田賦》「四人之務不壹」注等，然字當作「居」，陳校亦非。詳上陸士衡《挽歌詩（重阜）》「昔居四民宅」條。

（又問自晉氏）布德脩禮　注：孫即子曰：管仲為政者也。

【陳校】

　　注「孫即子」。「即」，「卿」誤。

【疏證】

　　奎本以下諸六臣合注本、尤本悉作「卿」。謹案：語見《荀子‧王制篇》，

字固當作「卿」。毛本獨因形近而誤，陳校當從《荀子》、尤本等正之。

歌皇華而遣使，賦膏雨而懷賓　注：《毛詩序》曰：皇皇者華……《左傳》曰：季武子如晉……小國之仰大國也，如百穀之仰膏雨言……豈惟弊邑。《周禮》曰。

【陳校】

　　注「仰膏雨言」。「言」，「焉」誤。

【集說】

　　胡氏《考異》曰：注「《毛詩序》曰」下至「豈惟弊邑」，此六十六字，袁本、茶陵本無。

【疏證】

　　尤本作「焉」。奎本善注作「焉」，翰注略同而無出處「《毛詩序》曰」、「《左傳》曰」等。明州本首刪善注，祗留翰注。贛本從明州本，又有增飾（如「季武子」上加「左傳曰」）、建本同贛本。毛本從尤本，而因音近而誤作「言」。袁本、茶陵本不明就裏，刪此六十六字，亦非。前胡亦未得其實。

驚禽易落　注：《戰國策》：魏謂春申君曰：……更嬴曰：此單也。其飛徐者創痛也。

【陳校】

　　注「魏謂春申」。「謂」上脫「加」字。又「此單也」。「單」，「孽」誤。

【集說】

　　余氏《音義》曰：「此單」。「單」，何改「孽」。

　　胡氏《考異》曰：注「魏謂春申君曰。」陳曰云云。是也，各本皆脫。

　　梁氏《旁證》曰：陳校「魏」下添「加」字。是也，各本皆脫。

【疏證】

　　奎本以下諸六臣合注本、尤本悉脫「加」、作「孽」。謹案：語見《戰國策·楚策四》，正有「加」字、作「孽」，《太平御覽》卷四百六十二同。毛本脫「加」，蓋誤從尤本等，作「單」，則獨因形近而誤。陳、何校當據《戰國策》、尤本等補正。又，《太平御覽》卷九百十四作「蘗」注曰：「蘗，餘也。」蘗，與「孽」同。

天監三年策秀才文三首　任彥昇

（問秀才）每時入芻藁　注：《漢書儀》曰：民田租芻藁，以給經用也。

【陳校】

　　注「《漢書儀》」。「書」，「舊」誤。

【疏證】

　　奎本以下諸六臣合注本、尤本悉作「舊」。謹案：事見漢・衛宏《漢官舊儀》卷下。《四庫全書・漢官舊儀》提要云：「漢議郎東海衛宏敬仲作《漢舊儀》四篇，以載西京雜事，見於范書本《傳》。隋、唐《經籍》、《藝文志》：『《漢舊儀》四卷』、《宋史・藝文志》：『三卷』，俱著於錄。馬端臨《經籍考》卷目與宋《志》同，而別題作：『《漢官舊儀》』。陳振孫《書錄解題》，遂以其有漢官之目，疑非衛宏本書。或又以為胡廣所作。後亦佚，不復傳世。所見者，獨《前、後漢書》注及唐宋諸書所引而已。今《永樂大典》所載此本，亦題：『《漢官舊儀》』，不著撰人名氏。其間述西京舊事、典章儀式甚備，且與諸書所引《漢舊儀》之文，參校無弗同者，自屬衛宏本書。其稱『《漢官舊儀》』者，或後人因其所載官制為多，妄加之耳。」館臣言之原原本本，今依《提要》，則毛本作「書」誠譌，上《文選》諸本及陳校作「舊」皆是。檢《後漢書・百官志》「少府」注作「《漢官儀》曰：『田租芻藁，以給經用』」云云，是「官」字，亦當改「舊」字。

稍去關市之征　注：《周禮》曰：以九賦斂財賄，七曰關市之賦。鄭玄曰：賦，謂口出泉。

【陳校】

　　「征」，「賦」誤。

【集說】

　　許氏《筆記》曰：「關市之征」。依注作「關市之賦」。

【疏證】

　　奎本以下諸六臣合注本、尤本悉作「賦」。謹案：據注引《周禮・大宰之職》及鄭注，亦知當作「賦」。毛本傳寫獨譌，陳校當從《周禮》、尤本等正之。

（問朕本）鳴鳥蔑聞　注：毛萇《詩傳》曰：蔑，如也。

【陳校】

注「蔑，如也。」「如」，「無」誤。

【集說】

胡氏《考異》曰：注「蔑，如也。」陳曰云云。是也，各本皆誤。案：此所引《板》傳文。

梁氏《旁證》曰：陳校云云。是也。各本皆誤。

【疏證】

奎本以下諸六臣合注本、尤本誤同。謹案：語見《毛詩注疏·大雅·板》「喪亂蔑資」毛《傳》，正作「無」。本書潘元茂《冊魏公九錫文》「方之蔑如也」注、王仲寶《褚淵碑文》「方斯蔑如也」注引毛《傳》，並作「無」。毛本傳寫而誤，陳校當從本書內證、《毛詩》等正之。

（問朕立）然自君臨萬寓　注：《左氏傳》子囊曰：赫赫楚霞，而君臨之。

【陳校】

注「赫赫楚霞。」「霞」，「國」誤。

【疏證】

奎本以下諸六臣合注本、尤本悉作「國」。謹案：語見《春秋左傳注疏·襄公十三年》，正作「國」，《太平御覽》卷五百六十二、《冊府元龜》卷五百九十五同。本書沈休文《應詔樂遊苑餞呂僧珍詩》「負重切君臨」注、傅長虞《贈何劭王濟》「赫赫大晉朝」注、陸佐公《石闕銘》「昏虐君臨」注引並作「國」。毛本傳寫之誤，陳校當從本書內證、《左傳》、尤本等正之。

論輸左校　注：范曄《後漢書》曰：（羊元羣）贓罪狼籍。膺表欲罰，元羣行賂宵豎，膺反坐輸作左校。

【陳校】

注「膺表欲罰」下，脫「其罪」二字。

【集說】

胡氏《考異》曰：注「膺表欲罪。」袁本、茶陵本「欲」下，有「罰其」

二字，是也。

【疏證】

奎本以下諸六臣合注本作「欲罰其罪」。尤本作「膺表欲罪」。謹案：語見《後漢書・李膺傳》作「膺表欲案其罪」，《通志》同。《太平御覽》卷六百四十一引范《書》作「欲治其罪」。尤、毛二本皆脫二字。陳校當從《後漢書》、贛本等補正之。

文選卷三十七

表目　注：表者，明也。……總有四品：一曰章，謝恩曰章。二曰表，陳事曰表。三曰奏，劾驗政事曰奏。四曰駮，推覆平論有異事進之曰駮。

【陳校】

注「四曰駮。」「駮」，「駮」誤。又此注當移後「表」字下。

【集說】

姚氏《筆記》曰：「表者，明也」云云。何云：「此注當移置後表字下。」

【疏證】

奎本以下諸六臣合注本、尤本悉作「駮」，此注悉在本卷目下。謹案：「駮」字，毛本獨傳寫形近而誤，陳校當從善注上下文、尤本等正之。陳、何謂「此注當移後表字下」，意謂當移至下「薦禰衡表」下，如卷三十四不在「七上」下釋「七（發）」，而在此二行第一篇「七體」文《七發》八首」下釋之耳。

薦禰衡表一首　孔文舉

羣士響臻　注：響臻，如應而至也。《孫卿子》曰：下之和上，譬響之應聲也。

【陳校】

注「響臻，如應而至」。「如」下，脫「響臻」二字。

【集說】

顧按：此非脫。

【疏證】

尤本同。奎本以下諸六臣合注本作「如響臻應而至也。」謹案：毛本蓋從尤本。倘從六臣合注本「如」在「響」上，則理當從陳校補「響臻」二字，然下復引《荀子·彊國篇》為注，豈非累贅？顧按不以陳校為然，豈以「如應而至也」五字為衍歟？

陛下睿聖　注：階下，謂獻帝也。

【陳校】

注「階下」。「階」，「陛」誤。

【疏證】

奎本以下諸六臣合注本、尤本悉作「陛」。謹案：毛本獨因形近而誤，陳校當從正文及尤本等正之。

安世默識　注：《漢書》曰：上行幸河東，嘗亡書三篋。詔問莫能知。唯安世識之，具作其事。

【陳校】

注「具作其事。」「作」，「上」誤。

【集說】

胡氏《考異》曰：注「具作其事。」陳曰云云。今案：汪文盛刻班《書》是「作」字，章懷注范《書》引亦是「作」字。陳所說，非也。

梁氏《旁證》曰：陳校「作」改「上」。胡公《考異》曰「汪文盛刻班《書》」云云。陳校恐非也。

【疏證】

奎本、明州本、尤本、建本作「作」，贛本獨作「上」。謹案：語見《漢書·張安世傳》，正作「作」，《藝文類聚》卷四十八、《北堂書鈔》卷三十六「精力於職事」注、卷一百三十五「武帝亡三篋」注、《初學記》「比缺字」注引並同。毛本當從尤本等，贛本作「上」，必有來歷，《太平御覽》卷二百十引《漢書》作「陳」、《古今事文類聚》別集卷一作「述」，是《漢書》未必無不

作「作」者。陳、何當從贛本耳。玩上下文語義，作「上」勝于「作」，前胡否定陳校，未免武斷。

鷙鳥累百，不如一鶚　注：《文記》：趙簡子曰：鷙鳥累百，不如一鶚。

【陳校】

　　注「《文記》」。「文」，「史」誤。

【疏證】

　　奎本以下諸六臣合注本、尤本悉作「史」。謹案：今本《史記》未見趙簡子此語。乃首見《漢書·鄒陽傳》。《後漢書·龐參傳》、《禰衡傳》復載此。《龐傳》乃為「樊準上疏薦參」語，章懷注曰：「《前書》鄒陽諫吳王之辭也。」《禰傳》為孔融薦禰語，《北堂書鈔》卷三十三「性與道合」注引同。《吳志·呂蒙傳》則為孫權語。本書《蜀都賦》「鶡鶚鴖其陰聿」舊注作枚乘語。其異有如此。王觀國《學林·八陣》云：「世言一鶚者，皆謂漢孔融《薦禰衡》之辭，其實出於《前漢·鄒陽傳》曰：鷙鳥累百，不如一鶚。孔融舉鄒陽之語爾。」然竊審本條既有「趙簡子」云云，善注必非空穴來風，復檢《史記·趙世家》，始得其實：原來，趙簡子所言者「吾聞千羊之皮，不如一狐之腋」，與「鷙鳥」說義同。毛本所據本當初蓋亦搜索不得，因改「史」為「文」爾。上諸《文選》本作「史」者及陳校，皆未得其實，除非李善所據《史記》，已經後人以《漢書》改過，或所謂「史記」為史書泛指耳。

近日路粹、嚴象　注：《興略》曰：路粹，字文蔚。

【陳校】

　　注「《興略》」。「興」，「典」誤。

【集說】

　　余氏《音義》曰：「興略」。「興」，何改「典」。

【疏證】

　　奎本以下諸六臣合注本、尤本悉作「典」。謹案：《後漢書·孔融傳》「遂令丞相軍謀祭酒路粹」章懷注作「《典略》」，《魏志·王粲傳》「陳留路粹」裴注、宋·蘇易簡《文房四譜·筆譜上》引此語，同。毛本蓋「興」、「典」形近而譌。陳、何校蓋從史書注、尤本等正之。

鈞天廣樂　注：《史記》趙簡子曰：廣樂九奏萬物，不類三代之樂。

【陳校】

　　注「九奏萬物」。「物」，「舞」誤。

【疏證】

　　奎本以下諸六臣合注本、尤本悉作「儛」。謹案：語見《史記・趙世家》，正作「舞」，《扁鵲列傳》同。本書張平子《西京賦》「饗以鈞天廣樂」注、左太沖《魏都賦》「延廣樂」注、《思玄賦》「聆廣樂之九奏兮」注、潘安仁《閒居賦》「張鈞天之廣樂」注、王元長《三月三日曲水詩序》「鈞天之樂張焉」注引咸作「舞」。「儛」，與「舞」同。《集韻・虞韻》：「舞，《說文》：『樂也。用足相背。』或作人。」《楚辭・九懷・株昭》：「丘陵翔儛兮，溪谷悲歌」王逸注：「儛，一作舞。」並是其證。毛本獨因音近而誤，陳校當從本書內證、《史記》、尤本等正之。

掌伎者之所貪

【陳校】

　　「掌伎」，范《書》作「臺牧」。注（之）［云］「《融集》作掌牧。」恐皆傳錄之誤，宜據此以正之。

【集說】

　　余氏《音義》曰：俞曰：「掌伎，范《書》作『臺牧』，注云：『融《集》作掌牧。』皆誤，宜據此為正」。

　　孫氏《考異》曰：《音義》引俞云：「范《書》作『臺牧』、《融集》作『掌牧』，皆誤。當據此為正。」

　　胡氏《考異》曰：「掌技者之所貪」。茶陵本「技」作「伎」，云「五臣作技」。袁本作「技」，無校語，案：袁用五臣也。范《書》作「臺牧」，章懷注：「諸本並作臺牧，未詳其義。融《集》作『堂牧』。」汪文盛刻范《書》如此。其實「堂牧」即「掌技」之譌耳。「伎」、「技」同字。或《選》所據《融集》作「伎」也。

　　張氏《膠言》曰：胡中丞云：「掌伎，范《書》作『臺牧』……其實『堂牧』即『掌技』字之譌耳。」

　　梁氏《旁證》曰：《後漢書》「掌伎」作「臺牧」，章懷注云云。按：「堂

牧」當即「掌技」之誤。「伎」與「技」音義並同。

朱氏《集釋》曰：注無釋。五臣曰：「主技樂之人，所以貪愛。」案：桂氏《札樸》云：「下文『飛兔騕褭，絕足奔放，良、樂之所急也。』王良、伯樂兩人，則掌伎亦當為二。」《後漢書‧禰衡傳》作「臺牧」，注云：「未詳。孔融《集》作堂牧。」余謂：此處文義本少參差。上有「者」字，與下直言「良、樂」異。桂說非也。晉有總章伎，見前陸士龍《為顧彥先贈婦詩》，漢時當已有之。伎，與技通。此謂主其事者，五臣注近是。若「堂牧」，殆「掌技」形近而譌，「臺」，又「堂」之譌也。

許氏《筆記》曰：何云：「掌伎，范《書》作『臺牧』，注云：『融《集》作掌牧』，恐皆傳錄之誤，宜據此以正之。」嘉德案：胡校云：「臺牧，未詳。『堂牧』即『掌伎』之譌」。

【疏證】

《記纂淵海》卷六十八、尤本作「技」。奎本、明州本作「技」，無校語。贛本作「技」，校云：善作「伎」。建本作「伎」，校云：五臣作「技」。五臣正德本作「技」，陳本作「伎」。謹案：毛本蓋從建本。陳、何謂「臺牧」、「掌牧」皆誤，是。朱氏駁桂說、《考異》謂「堂牧，即掌伎之譌」、「伎、技同字」，皆是。嘉德謂「胡校云：臺牧未詳」，不知此乃胡引《後漢書》注語，未免失於檢點。謹又案：據余氏《音義》，此條蓋出俞犀月校，非何校。孫氏《考異》引同，胡氏《考異》亦不云「何校」，皆證許氏誤錄。或因陳《舉正》有之，視同何校也。周鈔「云」譌「之」。今已正之。

乞令衡以褐衣召見　注：《漢書》：劉敬曰：臣衣褐衣謁見。

【陳校】

注「衣褐衣謁見」。「謁」，「褐」誤。

【疏證】

奎本、贛本誤同。明州本、尤本、建本作「褐」。謹案：語見《漢書‧婁敬傳》：「敬曰：臣衣帛，衣帛見；衣褐，衣褐見。不敢易衣。」《史記‧劉傳》同。《北堂書鈔》卷一百二十九「婁敬不易」注、《白孔六帖》卷三十九「衣褐見」注、《古今合璧事類備要》外集卷三十三「衣帛」注引《漢書》，同。本書陸士衡《漢高祖功臣頌》「被褐獻寶」注引亦作「褐」。毛本誤從贛本等，陳校

當從《史》、《漢》、本書內證、尤本等正之。

出師表一首　　諸葛孔明

以咨諏善道　注：《毛詩》曰：載馳載驅，周爰咨諏。毛萇曰：訪問於善為咨，事為諏。

【陳校】

　　注「事為諏」。「事」上脫「咨」字。

【疏證】

　　建本脫同。《集注》本、奎本、明州本、贛本、尤本重「咨」字。謹案：語見《毛詩注疏·小雅·皇皇》，正重「咨」字，《春秋左傳注疏·襄公四年》、《太平御覽》卷五百四十二引《詩》並同。本書潘安仁《楊荊州誄》「靡事不咨」注引《毛詩》亦同。毛本當誤從建本，陳校當從《毛詩》、本書內證、尤本等補之。

求自試表一首　　曹子建

故君無虛授，臣無虛受　注：《韓詩》曰：何謂素餐。

【陳校】

　　注「《韓詩》」上，脫「王符《潛夫論》曰：『明王不敢以私授，忠臣不敢以虛受也』」三句。

【集說】

　　余氏《音義》曰：何曰：「（主）［王］符《潛夫論》曰：『故明主不敢以私授，忠臣不敢以虛受。』」

　　梁氏《旁證》曰：「故君無虛授，臣無虛受」。元槧本、毛本此下脫「王符《潛夫論》曰：故明王不敢以私授，忠臣不敢以虛受也」一節注二十二字。

　　姚氏《筆記》曰：注，何校增「王符《潛夫論》曰：明王不敢以私授，忠臣不敢以虛受」二十字，於「《韓詩》」之上。

　　許氏《筆記》曰：注「《韓詩》」上，何加「王符《潛夫論》曰：明王不敢

以私授，（重）［忠］臣不敢以虛受也。」二十一字。「《韓詩》」下，加「章句」二字。

【疏證】

奎本以下諸六臣合注本、尤本「《韓詩》」上，並有二十一字。《集注》本僅見二「王」字、「私」（省作「厶」）字。可見有二十一字。謹案：毛本獨因從所據本（明翻元刻張伯顏本）脫此二十一字，陳、何校當從尤本等補之。

昔二虢不辭兩國之任 注：《左氏傳》：宮之奇諫曰：虢仲、虢叔，王季之穆恆。為王卿士，勳在盟府。

【陳校】

注「王季之穆恆。」「恆」，「也」誤。

【集說】

姚氏《筆記》曰：何校改「王季之穆也，為文王卿士，勳在王室，藏於盟府。」

【疏證】

《集注》本、奎本以下諸六臣合注本、尤本悉作：「王季之穆也。為文王卿士」云云。謹案：語見《春秋左傳注疏・僖公五年》，正作「也」、「文王」，《冊府元龜》卷七百三十四、卷七百四十、《玉海》卷一百二十五同。本書蔡伯喈《郭有道碑文》「自有周王季之穆有虢叔者」注引無「恒（也）」字、作「文王」；韋弘嗣《博弈論》「使名書史籍，勳在盟府」注引《左氏傳》作「虢叔為文王卿士，勳在王室，藏於盟府。」毛本獨傳寫誤、奪，陳、何校當據《左傳》、本書內證、尤本等補正之。姚氏並補「王室藏於」四字，亦是。

三世於今矣 注：三世，謂文、武、明也。

【陳校】

注「文武明也」。「文武」，當乙。

【集說】

胡氏《考異》曰：注「謂文武明也」。陳曰云云。是也，各本皆倒。

梁氏《旁證》同胡氏《考異》。

許氏《筆記》曰：何改「武、文、明」。嘉德案：陳亦云「文武當乙。」倒者非。

【疏證】

奎本以下諸六臣合注本、尤本倒同。《集注》本正作「武、文」。謹案：本書任彥昇《奉答敕示七夕詩啟》「魏稱三祖」注亦作「武、文、明也。」毛本當誤從尤本等，陳、何當據史事常識、本書內證等正之。

沐浴聖澤　注：《史記》：太史公成王作頌，沐浴膏澤。

【陳校】

注「太史公」下，脫「曰」字。

【集說】

胡氏《考異》曰：注「《史記》太史公」。陳曰云云。是也。各本皆脫。

梁氏《旁證》曰：陳曰：「公」下添「曰」字。是也，各本皆脫。

【疏證】

奎本以下諸六臣合注本、尤本悉脫。《集注》本有「曰」字。謹案：語見《史記‧樂書》，正有「曰」字。本書班固《西都賦》「膏澤洽乎黎庶」注、左太沖《魏都賦》「罔匱沐浴」注、班孟堅《答賓戲》「沐浴玄德」注引並有「曰」字。毛本誤蓋從尤本等，陳校當從本書內證、《史記》等補正之。

上憲玄冕　注：《同禮》曰：王之五冕。

【陳校】

注「同禮」。「同」，「周」誤。

【疏證】

《集注》本、奎本以下諸六臣合注本、尤本悉作「周」。謹案：語正見《周禮注疏‧弁師》。《太平御覽》卷六百八十六、《玉海》卷八十一、卷八十六等同。本書張平子《東京賦》「玉笄綦會」注、曹子建《責躬詩》「冠我玄冕」注、曹子建《七啟（鏡機子曰步光）》「九旒之冕」注引並作「《周禮》」。毛本獨因形近而誤，陳校當從《周禮》、本書內證、尤本等正之。

誠欲混同宇內，以致太和也　注：《法言》曰……季軌曰：天下太和。

【陳校】

　　注「季軌」。「季」，「李」誤。

【疏證】

　　《集注》本、奎本以下諸六臣合注本、尤本悉作「李」。謹案：《隋書‧經籍志三》有「揚子《法言》十五卷解一卷」注：「揚雄撰。李軌注。」《法言》，見《孝至篇》，今本未見此有李軌注。本書曹子建《七啟》（鏡機子曰世有）「吾子為太和之民」注、顏延年《宋文皇帝元皇后哀策文》「太和既融」注引並作「李軌」。毛本獨因形近而誤，陳校當從《隋書》、本書內證、尤本等正之。

繼成康之隆　注：《春秋〔命〕歷序》曰：成王之隆，澧泉涌。

【陳校】

　　注「成王之隆，澧泉涌。」「王」，「康」誤、「澧」，「醴」誤。

【集說】

　　顧按：「澧」，即「醴」字。

【疏證】

　　奎本、贛本作「康」、「醴」。《集注》本、明州本、尤本、建本作「康」、「澧」。謹案：語見孫瑴《古微書‧春秋命歷序》，正作「醴」，本書班固《東都賦》「有周成隆平之制焉」注引亦作「醴」。然「澧」與「醴」通。《禮記‧禮運》「地出醴泉」，釋文作「澧」，云：「醴，本又作澧。」《說文通訓定聲‧履部》：「澧，叚借為醴。」皆其證。毛本當從尤本、建本等。毛本作「王」，獨譌。陳改作「康」，是；陳謂「澧」誤，則非。顧按是也。

效臣錐刀之用　注：《東觀漢書記》：黃香上疏曰：以錐刀小用，當見宿留也。

【陳校】

　　注「《東觀漢書記》」。「書」字衍。又「當見宿留也。」「當」，當作「蒙」。見後《求通親親表》注。

【集說】

余氏《音義》曰：「當見宿」，「當」，何改「蒙」。

【疏證】

《集注》本作「《東觀漢記》」、「見宿」上字漫漶。奎本以下諸六臣合注本、尤本悉作「《東觀漢記》」、「蒙」。謹案：本篇「昔耿弇不俟光武」注引作「《東觀漢記》」，而本書劉越石《重贈盧諶》「鄧生何感激」注、王元長《三月三日曲水詩序》「爾乃迴輿駐罕」注、任彥昇《王文憲集序》「汝郁之幼挺淳至」注引並衍「書」字。「黃香上疏」語，見《東觀漢記·黃香傳》，字正作「蒙」。陳校引《求通親親表》注，見「臣伏自惟省無錐刀之用」句下，正作「蒙」。毛本獨傳寫而衍、誤。陳校當從《東觀漢記》、本書內證、尤本等正之。

雖未能禽權馘亮 注：鄭曰《毛詩箋》曰：馘，所獲之左耳也。

【陳校】

注「鄭曰」。「曰」，「玄」誤。

【集說】

余氏《音義》曰：「曰《毛詩》」。「曰」，何改「玄」。

【疏證】

《集注》本、奎本以下諸六臣合注本、尤本悉作「玄」。謹案：語見《詩經·大雅·皇矣》毛《傳》：「馘，獲也。不服者，殺而獻其左耳曰馘」鄭《箋》云：「及獻所馘，皆徐徐以禮。」又，本書潘元茂《冊魏公九錫文》「獻馘萬計」注「《毛詩》曰：『泮獻馘。』鄭玄曰：『馘所格者之左耳。』」陸士衡《辯亡論上》「兵交，則醜虜授馘」注「《毛詩》曰：『仍執醜虜。』箋云：『馘所格者之左耳也』」，則所引並為《魯頌·泮水》鄭《箋》。李善節略，文容有異同，然本條「曰」，固當作「玄」，則無異議。毛本蓋獨涉下文而誤，陳、何校當據《詩經》、本書內證、尤本等正之。

使名掛史筆，事列朝榮

【陳校】

「榮」，《魏志》作「策」為是。

【集說】

余氏《音義》曰：「朝榮」。《魏志》「榮」作「策」。

孫氏《考異》曰：「榮」。《魏志》作「策」。潘校云：當作「策」。

胡氏《考異》曰：「事列朝榮。」何校云：「《魏志》榮，作策。」陳云「作策為是。」各本皆形近之譌字耳。

梁氏《旁證》曰：《魏志》「榮」作「策」。按：此作「榮」，但傳寫誤。

胡氏《箋證》曰：《旁證》曰云云。紹煐按：銑注「名書史筆，為朝廷所榮」，是五臣作「榮」。「策」，俗寫作「筞」，故譌而為「榮」。五臣因而不察耳。

許氏《筆記》曰：何改「榮」作「策」，云「從《魏志》。」案：《魏志》為是，字當作「策」，從竹束聲，作「筞」者譌。嘉德案：陳校亦以「策」為是。

【疏證】

諸《文選》本悉同。《集注》本作「筞」。謹案：《魏志·陳思王植傳》、嘉定本《曹子建集》卷八作「策」。兩《考異》說，是。各本皆譌。「筞」，係「策」之俗字，《龍龕手鑑·竹部》：「筞，同策。」《集注》本作「筞」，不誤。「榮」，則形近「筞」，而為「策」之俗譌字矣。朱熹《原本韓集考異》卷一《感二鳥賦》「策名於」校曰：「策，方從閣、杭本作榮，云：『公《上宰相書》：非苟沒於利，榮於名也，與此義通。』今按：唐人策字，俗體從竹、從宋，亦有祗從草者，與榮字絕相近，故閣本作榮，蓋傳寫之誤耳。」五臣譌「榮」，銑注可證。後胡《箋證》「策，俗寫作筞，故譌而為榮。五臣因而不察」說最中肯。其實，審「使」下二句，並為其賓語，與「史筆」為偶者，必是「朝策（筞）」。毛本亦失察俗譌，而誤從尤本等，陳、何校當從《魏志》、潘校、上下文義等正之。許以「作筞者譌」，概以俗為誤，亦非也。

南極赤岸，東臨滄海　注：山謙之《南徐州記》曰：京江，《禹貢》：北江，有大濤。濤至乘北，激赤岸，尤更迅猛。

【陳校】

注「濤至乘」。「乘」上脫「江」字。

【集說】

胡氏《考異》曰：注「濤至乘北。」陳曰云云。是也，各本皆脫。案：《七

發》注引有。

梁氏《旁證》同胡氏《考異》。

【疏證】

奎本以下諸六臣合注本、尤本脫悉同。《集注》本有「江乘」字。謹案：本書枚叔《七發》（客曰將以八月）「凌赤岸」注引正作「江乘」字，如前胡所言。《玉海》卷二十三引「《文選》注」引同。毛本當誤從尤本等，陳校當從本書內證等補之。《初學記》卷六「激赤岸」注引「《南徐州記》」作「濤至江北，激赤岸」有「江」字而脫「乘」字。《事類賦》卷六「奔騰赤岸」注引同。由《玉海》引「《文選》注」，可見王應麟所據《文選》本，為別一本。

而功銘著於景鍾 注：《國語》：晉悼公曰：昔克路之役。秦來圖敗晉攻，魏顆以其身卻退秦師于輔氏。

【陳校】

注「克路之役」。「路」，「潞」誤。「秦來圖敗晉攻。」「攻」，「功」誤。

【集說】

胡氏《考異》曰：注「昔克路之役。」何校「路」改「潞」。陳同。是也，各本皆誤，《答臨淄侯牋》、《褚淵碑文》、《頭陀寺碑文》注，誤與此同。又曰：注「秦來圖敗晉攻。」何校「攻」改「功」，陳同。是也，各本皆譌。

梁氏《旁證》曰：何校「路」改「潞」、「攻」改「功」。陳同，是也。胡公《考異》曰云云。

【疏證】

奎本、明州本、建本、尤本同。《集注》本作「路」、作「功」。贛本作「潞」、作「功」。謹案：語見《國語·晉語》七，字正作「潞」、「功」，本書《答臨淄侯牋》「銘功景鍾」注、謝希逸《宋孝武宣貴妃誄》「庶圖芳於鐘萬」注、《褚淵碑文》「晉鍾之遺則」注、《頭陀寺碑文》「既鏤文於鍾鼎」注引並作「路」、作「功」。毛本當從尤本、建本等，陳、何校當從贛本、《國語》、本書內證等改。然陳、何正作「功」，是；「路」字則不必改「潞」。潞、路蓋古今字。《通志·氏族略二·夷狄之國》「路氏」注：「路，舊作潞。《國語》：『潞、洛、泉、余、滿，赤狄別種。隗姓，子爵。』其地在今上黨潞縣。宣十五年，晉滅之。子孫以國為氏。《姓纂》云：『炎帝之後，黃帝封其支子於潞。春秋時，潞子嬰

兒是也。』」是其證。陳、何校未明就裏妄改，非也。《集注》本最是。前胡、梁氏亦非。前胡羅列本書內證，脫《宋孝武宣貴妃誄》注一條。參下楊德祖《答臨淄侯箋》「銘功景鍾」條。

鬱趙以濟其難　注：《呂氏春秋》曰：遂大克晉，及獲惠公以歸。

【陳校】

「鬱」，當作「楚」。又注「及獲惠公」。「及」，「反」誤。

【集說】

胡氏《考異》曰：注「及獲惠公以歸」。何校「及」改「反」，陳同。是也，各本皆誤。

梁氏《旁證》曰：今《呂氏春秋·愛士篇》：「及」作「反」。

【疏證】

《集注》本作「楚」、「反」。諸《文選》本咸作「楚」。奎本、尤本誤「及」。明州本、贛本、建本注則省歸翰注，亦誤「及」。謹案：《魏志·陳思王植傳》、嘉定本《曹子建集》卷八並作「楚」。注語見《呂氏春秋·愛士篇》，已見《旁證》。《太平御覽》卷二百八十一、卷四百九十九引並作「反」。陳、何校當據尤本、《魏志》、今《呂氏春秋》等正之。

而身名並滅　注：李宏《武功歌》曰：身非金石，名俱滅焉。

【陳校】

注「李宏」。「宏」，「尤」誤。

【集說】

胡氏《考異》曰：注「李宏《武功歌》曰。」陳曰云云。是也，各本皆誤。

梁氏《旁證》同胡氏《考異》。

【疏證】

奎本以下諸六臣合注本、尤本誤悉同。《集注》本作「李尤」。謹案：本書謝宣遠《張子房詩》「清埃播無疆」注、沈休文《齊故安陸昭王碑文》「威令首塗」注引《武功歌》並作「李尤」。毛本傳寫而誤，陳校當從本書內證正之。

伯樂昭其能　注：《戰國策》：楚客謂春申君曰：（駬驥）遭伯樂仰而長鳴，今僕知伯樂知己也。今僕屈厄久。

【陳校】

「昭」，《魏志》作「照」。疑亦避諱改。又注「今僕知伯樂知己也。」「今僕」二字，衍。

【集說】

余氏《音義》曰：「今僕知伯樂知己也。」六臣無。

【疏證】

《集注》本「遭伯樂仰而鳴之，知伯樂知己也。今僕屈厄日久」、尤本「鳴之」作「長鳴」，「知伯樂」上無「今僕」二字，餘同。奎本作「遭伯樂知己，今僕屈厄日久。」明州本、贛本、建本皆作「遭伯樂仰而長鳴，今僕屈厄日久」云。謹案：《集注》本最是，本書劉越石《答盧諶》「昔騄驥倚輈於吳坂」注引與《集注》本一一吻合，是其證。尤本亦得。今本《戰國策‧楚策四》作「彼見伯樂之知己也」云云，四庫館臣從之改，與李善所見本《戰國策》為別本。毛本從尤本而傳寫涉下文而衍二字，陳校當從本書內證、尤本等正之。又，《集注》及上諸《文選》本，正文並作「昭」，陳氏疑《魏志》本傳作「照」，蓋避晉諱。當是。此則陳以《選》文校史志者焉。

盧狗悲號　注：《戰國策》曰：韓子盧逐東郭俊，環山者極，騰山者五。

【陳校】

注「環山者極」。「極」，「三」誤。

【疏證】

《集注》本、奎本以下諸六臣合注本、尤本悉作「三」。謹案：語見《戰國策‧齊策三》，正作「三」，《太平御覽》卷九百四、《記纂淵海》卷四十五引、《初學記》卷二十九「韓盧」注、《白孔六帖》卷九十七「環山」注引同。毛本傳寫獨誤，陳校當從《戰國策》、尤本等正之。

必知為朝士所笑。聖主不以人廢言，伏惟陛下少垂神聽，臣則幸矣。

【陳校】

「必知為朝士所笑」以下四句，《魏志》不載。

【疏證】

尤本同。《集注》本有此四句，「必知」，作「知必」、「主」作「者」。五臣正德本、陳本作「知必」，奎本以下諸六臣合注本同，校云：善本作「必知」。謹案：嘉定本《曹子建集》並同尤本。此亦陳以《選》文校《魏志》。《魏志》無此四句，蓋《選》文與史志本不同耳。

求通親親表一首　　曹子建

題下注：《魏志》曰：植上疏求存問親戚，自致其意也。

【陳校】

［題］注「自致其意。」「自」，「因」誤。

【集說】

余氏《音義》曰：「自致」。「自」，何改「因」。

胡氏《考異》曰：注「自因致其意也。」袁本、茶陵本無「因」字。案：《魏志》有「因」無「自」。必尤延之改「自」為「因」，乃誤兩存也。

梁氏《旁證》曰：《魏志》「自」作「因」，是也。尤本「自」、「因」兩有，非。

【疏證】

奎本以下諸六臣合注本同，尤本作「自因」。《集注》本同《魏志》作「因」。謹案：宋本《三國志文類》卷十七注引亦作「因」。毛本蓋從建本等。陳、何校蓋據《魏志》。《考異》論尤本之誤，良自有以。

是以雍雍穆穆　注：《毛詩》曰：有來雍雍。又曰：天子穆穆。

【陳校】

注當引《詩》「雍雍在宮」及「穆穆文王」釋之。今注未諦。

【疏證】

奎本以下六臣合注本、尤本悉同。《集注》本作「毛□□□□空脫四字雍雍。又曰：天子穆穆」。謹案：此亦陳校議善注之未得。「有來雍雍」，見《毛詩・大雅・雝》，序云：「禘。禘大祖也。」「天子穆穆」，一見於《周頌・雝》。一見於《大雅・假樂》，序云：「假樂嘉成王也。」此善所引。陳援「雍雍在

宮」，見《毛詩‧大雅‧思齊》，序云：「思齊。文王所以聖也」；「穆穆文王」，見《大雅‧文王》，序云：「文王。文王受命作周也。」驗善注所引「禘大祖」及「假樂嘉成王」之《詩》，與子建本意「求存問親戚」之旨及《表》下句「風人詠之」句，皆不能切合，而與陳所援《詩》有「文王所以聖也」及《表》上文引孔子稱堯之德：「堯之為君，惟天為大」、「堯之為教，先親後疏」，又稱「周之文王，亦崇厥化」之義，無不密合，故自當以陳校為得。《集注》本作「毛」下空脫四字，當是「詩曰有來」。

不敢乃望交氣類　注：謝承《後漢書》曰：相礛鄙營氣類。

【陳校】

注「相礛」。「相」，「桓」誤。

【集說】

胡氏《考異》曰：注「謝承《後漢書》曰：桓礛（鄙）[邸] 營氣類」。袁本、茶陵本無此十二字。

【疏證】

尤本作「桓」。奎本以下諸六臣合注本無此十二字。《集注》本並善無注。謹案：本書任彥昇《王文憲集序》「許與氣類」注：」謝承《後漢書》曰：桓儼邸營氣類，經緯士人。」準此，本條善於「氣類」，合當有注，故尤本有注者，必有所承。毛本從尤本而傳寫形近致誤。陳校是也。桓嚴字文林，東漢沛人。《後漢書》（作曄、嚴）、《東觀漢記》有傳。

必有慘毒之懷

【陳校】

「必有慘毒之懷」上，《魏志》及五臣本並有「不蒙施之物」五字，為是。

【集說】

孫氏《考異》曰：何校「必」字上，增「有不蒙施之物」六字。

胡氏《考異》曰：「有不蒙施之物。」茶陵本云：五臣再有「有不蒙施之物」六字。袁本再有，云：善無「有不蒙施之物」六字。案：此初無，尤脩改添之。《魏志》再有，善亦當再有，傳寫脫去也。何校添。陳云：「重六字為是。」

梁氏《旁證》曰：六臣本校云：五臣再有「有不蒙施之物」六字。按：《魏志》再有，則李亦當再有。但傳寫偶脫耳。

胡氏《箋證》曰：《旁證》曰云云。

許氏《筆記》曰：「使有不蒙施之物」句下，《魏志》更有「有不蒙施之物」六字。嘉德案：茶陵本云：五臣再有「有不蒙施之物」，胡云「善本傳寫脫。陳云：『有為是。』何增。」

【疏證】

五臣正德本、陳本再有「有不蒙施之物」六字。奎本、明州本同，校云：善本無「有不蒙施之物」六字。贛本、建本「物」下校云：五臣再有「有不蒙施之物」六字。《集注》本、尤本再有六字，謹案：嘉定本《曹子建集》卷八脫六字。宋本《三國志文類》卷十七再有「有不蒙施之物」六字。善與五臣皆再有六字。不再有，則下句「必以慘毒之懷」之「必」字無承接。毛本蓋脫，陳、何校是。尤氏乃據他本添之，《集注》可為尤本有據之證。

宣緝熙章明之德者　注：《毛詩》曰：維清緝熙，文王之典。

【陳校】

注當引《大雅》「於緝熙敬止」文，乃與前「穆穆」相應。

【疏證】

奎本以下諸六臣本、尤本同。《集注》亦作「維清緝□空脫一字，文王之典」。謹案：善注所引見《周頌·維清》序曰「維清，奏象舞也。」鄭《箋》云：「象舞，象用兵時，刺伐之舞。武王制焉。」與曹《表》宗旨無涉。陳校所引文，見《大雅·文王》篇，正作「穆穆文王，於緝熙敬止」云云。與毛《序》「文王受命作周」義合，故陳謂「乃與前穆穆相應。」陳說是。此亦陳論注之得失。

讓開府表一首　羊叔子

違命誠忤天威　注：《左氏傳》齊侯對宰孔曰：天威不違顏咫只。

【陳校】

注「咫只」。「只」，「尺」誤。

【疏證】

奎本以下諸六臣合注本、尤本悉作「尺」。謹案：語見《春秋左傳注疏・僖公九年》，正作「尺」，《太平御覽》卷五百四十二引同。本書潘安仁《西征賦》「肅天威之臨顏」注、王仲宣《從軍詩》「赫怒震天威」注引並作「尺」。毛本獨因形近而誤，陳校當從《左傳》、本書內證、尤本等正之。

雖側席求賢　注：《國語》曰：……章昭曰：側，猶特也。

【陳校】

注「章昭」。「章」，「韋」誤。

【疏證】

奎本以下諸六臣合注本、尤本悉作「韋」。謹案：語見《國語・吳語》，正係韋昭注，本書范蔚宗《逸民傳》「光武側席」注引同。毛本獨因形近而誤，陳校當從《國語》、本書內證、尤本等正之。「韋昭」下，各本當加「注」字。

據光祿大夫李喜秉節高亮

【陳校】

「喜」。《晉書》作「憙」，為是。

【集說】

余氏《音義》曰：李喜，《晉諸公贊》：「上黨銅鞮人。屢遷光祿大夫，特進贈太保。」

胡氏《考異》曰：「據今光祿大夫李喜。」陳曰云云。今案：喜、憙古字通，未審他家《晉書》有作「喜」者以否。

梁氏《旁證》曰：《晉書》「喜」作「憙」。按：喜、憙古字通。

許氏《筆記》曰：《晉書》作「憙」，《世說》作「喜」，何校改「憙」。案：《說文》：「憙，說也，喜樂也」；「熹，炙也」。憙字季和，名字正相應。嘉德案：陳亦從《晉書》。

【疏證】

諸《文選》本悉同。謹案：《北堂書鈔》卷六十二「秉直不憚彊禦」注引《晉書》亦作「憙」，《冊府元龜》卷四百八同。《說文・喜部》：「憙，說也」徐灝箋：「喜、憙古今字。」《集韻・志韻》：「憙：許記切。《說文》：『說也』。

亦省。或作憘。」許氏「《世說》作喜」云云，見《言語》篇：「取上黨李喜以為從事中郎」注引「《晉諸公贊》曰：喜字季和」亦作「喜」。既為古今字，陳、何校，非。前胡說較謹慎。

陳情表一首　李令伯

李令伯　注：《華陽國志》曰：患疾，日夜未嘗解帶。

【陳校】

注「患疾」。「患」，「侍」誤。

【疏證】

奎本善引《華陽國志》無此八字，乃為五臣翰注引裴注《蜀志》文，作「侍」。明州本去善注，省作「善同翰注」。贛本則兼取二《志》雜揉之，有此八字，作「侍」。又省翰注作「翰同善注」。建本同贛本。尤本惟增「密不空有名者也」一句，餘同贛本。作「侍」。謹案：《蜀志‧楊戲傳》裴注引《華陽國志》正作「侍」，尤本所增一句，實亦據裴引《華陽國志》補。毛本從尤本，而傳寫有誤，陳校當從《蜀志》裴注、尤本等正之。本條於五臣注如何異同善注、尤延之如何增飾善注、尤本成書過程等，《文選》注釋與版刻史上一系列重大問題之研究，極具參考價值。

辭不赴會詔書特下

【陳校】

「會」，《國志》作「命」。

【集說】

余氏《音義》曰：何曰：「會，《蜀志》注作命。」

孫氏《考異》曰：何校從《蜀志》注改「命」。

胡氏《考異》曰：「辭不赴命。」袁本、茶陵本「命」作「會」。《蜀志》注、《晉書》皆作「命」，尤蓋據之改。

梁氏《旁證》曰：「辭不赴命。」六臣本「命」作「會」。《蜀志》注、《晉書》皆作「命」。

許氏《筆記》曰：何曰云云。

【疏證】

　　五臣正德本、陳本、奎本以下諸六臣合注本同。尤本作「命」。謹案：《文章正宗》卷十一注引作「會」。誠如余氏等所言，《蜀志・楊戲傳》裴注、《晉書》本傳作「命」。頗疑本當如史志，前人因「會」、「命」形近傳寫致混。尤本、陳、何校蓋從史志，於義為長。陳校所謂「《國志》」，蓋指《華陽國志》，亦出《蜀志・楊戲傳》裴注引。然作「會」，屬下讀，亦通。毛本當從建本等。

特為尤甚

【陳校】

　　《晉書》作「尪羸之極。」

【集說】

　　余氏《音義》曰：何曰：《晉書》作「尪羸之極。」

　　梁氏《旁證》同陳校。

【疏證】

　　諸《文選》本悉同。謹案：《蜀志・楊戲傳》注引亦作「特為尤甚。」《冊府元龜》卷七百五十二同《晉書》。毛本當從尤本等，陳、何校聊備異聞而已。

報養劉之日短也　　注：《毛詩》曰：蓼莪孝子，不得終養也。

【陳校】

　　「養」字，衍。

【集說】

　　余氏《音義》曰：「報」。何曰：「《晉書》作『報養』，《蜀志注》同。一無『養』字。乃流俗妄削。」

　　孫氏《考異》曰：一本「報」下無「養」字。何云：「報，《晉書》作報養」云云。

　　梁氏《旁證》曰：元槧本亦有「養」字。

　　徐氏《糾何》曰：何曰云云。案：下接「烏鳥私情，願乞終養」，則此句「養」字不宜先逗。

　　許氏《筆記》曰：何曰云云。案：下文云「願乞終養」，則文當相避。以無「養」為是。

【疏證】

尤本同。五臣正德本、陳本作「報」、無「養」字，奎本、明州本作「報」，校云：善本有「養」字。贛本、建本作「報」，校云：善本作「養」字。謹案：尤氏《考異》曰：「五臣無養字。」《冊府元龜》卷一百三十七、卷七百五十二、《通志‧李密傳》同尤本。《古今事文類聚》後集卷三無「養」字。徐、許兩家說雖不無理，然善本從史志作「報養」，五臣作「報」字，蓋求異善本，善與五臣既有歧出，故仍當以史志、何校為是，陳校非也。尤本蓋從《蜀志‧楊戲傳》裴注、《晉書》、明州本校語等，毛本當從尤本，不誤。

死當結草 注：《左氏傳》曰：……又輔氏之役。

【陳校】

注「又輔氏之役。」「又」，「及」誤。

【疏證】

奎本、尤本作「及」。明州本祇存濟注，擅芟善注，贛、建二本同。謹案：語見《春秋左傳注疏‧宣公十五年》，正作「及」字，《古今合璧事類備要》續集卷三十一「結草亢敵」注引同。本書張平子《思玄賦》「魏顆亮以從治兮」注引亦作「及」。毛本從尤本而傳寫形近致誤，陳校當從《左傳》、本書內證、尤本等正之。

謝平原內史表一首　陸士衡

遣兼丞張含齎板詔書印綬，假臣為平原內史 注：凡王封拜，謂之板官。時成都攝政，故稱板詔。

【陳校】

注「凡王封拜，謂之板官。時成都攝政，故稱板詔。」按是時士衡從成都于鄴，惠帝在洛。觀表首稱「陪臣」及篇末「不得稽顙城闕」語，則此《表》自上惠帝，非謝成都明矣。板詔，即詔文通稱，《後漢書‧楊賜傳》注可證。此「板詔」與後「重蒙陛下」句注，皆謂「指成都」者，並誤。

【集說】

何氏《讀書記》曰：此《表》自上惠帝，非成都也。觀《表》首稱「陪

臣」可見。是時，士衡從成都在鄴下。魏郡太守治鄴，故詔書下魏守，守復遣丞授之耳。兼以表末「便道之官」等語証之，其義尤明。李注恐誤。

張氏《膠言》曰：臧榮緒《晉書》曰：「成都王表理機起為平原內史。到官，上表謝恩。」蓋謂成都王穎攝政，表謝成都也。何氏《讀書記》：「此《表》自上惠帝，觀《表》首稱陪臣可見。」雲璈按：豈但此也。後「重蒙陛下愷悌之宥」云云，明指惠帝，而注云「陛下，指成都」，其謬尤甚。且是時士衡從成都在鄴下，惠帝在金墉，詔書下，郡守遣丞授之，故表末有「便道之官，不得束身奔走，稽顙城闕」之語，即注所引「律二千石以上告歸，寧不過行在所（者），便道之官無問是也」，若成都，自得面辭，何作此語？其誤更可不辨自明矣。又「陪臣」下注引《獨斷》云：「諸侯境內，自相以下皆為諸侯稱臣，於朝皆稱陪臣」，今《獨斷》無此文。又曰：「注凡王封拜，謂之板官。時成都攝政，故稱版詔。」雲璈按：版詔，即所謂「尺一之詔」耳。《後漢書·陳蕃傳》「尺一選舉」注：「尺一，謂版長尺一，以寫詔書也」，恐李注非。

梁氏《旁證》曰：注「時成都攝政，故稱板詔。」案：《後漢書·陳蕃傳》「尺一選舉」注：「尺一，謂版長尺一，以寫詔書也」、《魏書·呂布傳》注：「初，天子在河東，有手筆版書召布來迎」，是「版詔」，即天子之詔。其所謂「版官」者，《魏書·邢巒傳》謂之「版宦」。大約持節都督諸軍事者，皆得便宜授官，亦不盡諸王也。

徐氏《規李》曰：案：是時惠帝反正。成都王為大將軍、錄尚書事，表理士衡起為內史。此表自謝惠帝，表首故稱「陪臣」。「陛下」，即惠帝也。

【疏證】

奎本以下諸六臣本、尤本悉同。謹案：下文「重蒙陛下愷悌之宥」注：「陛下，謂成都也。」陳、何兩家互為表裏，考證此陸《表》乃「上惠帝，非謝成都」，其說可從。善注之誤，蓋在誤解「版詔」為諸王封命獨用之辭，進而誤斷出《表》上「成都王」者。此亦陳兼考善注之誤。

入朝九載，歷官有六　注：臧榮緒《晉書》曰：駿議，徵為太子洗馬。

【陳校】

注「駿議」。「議」，當作「誅」。

【集說】

余氏《音義》曰：「駿議」。「議」，何改「誅」。

梁氏《旁證》曰：「議」，當作「誅」。尤本不誤。

【疏證】

奎本、尤本作「誅」。明州本、贛本、建本省作「善同向注」，未及「駿誅」事。謹案：本書潘安仁《閒居賦》「府主誅」注、陸士衡《皇太子宴玄圃宣猷堂有令賦詩》「振纓承華」注、又《贈馮文羆遷斥丘令》「及爾同林」注引臧《書》，並作「楊駿誅」。今本《晉書·陸機傳》云：「後太傅楊駿辟為祭酒。會駿誅，累遷太子洗馬著作郎。」毛本獨因形近而誤，陳、何當從尤本、本書內證等正之。

片言隻字

【陳校】

「字」，「字」誤。

【疏證】

諸《文選》本皆作「字」。五臣作「字」，濟注可證。謹案：《初學記》卷十一「片言」注引《謝（吳王晏）表》亦作「字」。謹案：毛本獨因形近而誤，陳校當從尤本等正之。

蕞爾之生　注：《左傳》：子產曰：諺云：蕞爾之國。杜預曰：蕞，小貌也。

【陳校】

注「蕞爾之國。」「之」字，衍。

【疏證】

奎本以下諸六臣合注本、尤本同。謹案：本書陸士衡《弔魏武帝文》「蕞爾之土」注引亦有「之」，而《魏都賦》「宵貌蕞陋」注、陸士衡《皇太子宴玄圃宣猷堂有令賦詩》「蕞爾小臣」注、嵇叔夜《養生論》「蕞爾之軀」注引並作「小」字。今本《春秋左傳注疏·昭公七年》，則作「抑諺曰：蕞爾國。」然則，善所據本，當與今本不同，作「之」、作「小」，皆非衍字。毛本此作「之」，蓋從尤本等，且與正文亦應，陳固不必據今本改也。

懷金拖紫　注：揚子《法言》曰：使我紆朱懷金，其樂不可樂也。

【陳校】

「樂不可樂」。下「樂」，當作「量」。

【集說】

余氏《音義》曰：「可樂」。「樂」，何改「量」。

【疏證】

奎本以下諸六臣合注本、尤本悉作「量」。謹案：語見《法言》卷一，字正作「量」。本書范蔚宗《宦者傳論》「紆朱懷金者」注、鮑明遠《擬古（魯客）》「懷金襲丹素」注、張士然《為吳令謝詢求為諸孫置守冢人表》「懷金侯服」注引並同。《後漢書·宦者列傳》「紆朱懷金者，布滿宮闈」章懷注引《法言》亦作「量」。毛本「樂」字蓋涉上文而譌。陳、何校當據《法言》、本書內證、尤本等正之。

復與翔鴻撫翼　注：班固《漢書·張陳述》曰：攜手逐秦。

【陳校】

注「攜手逐秦。」「逐」，「遾」誤。

【集說】

胡氏《考異》曰：注「攜手逐秦。」陳曰云云。是也，各本皆誤。

梁氏《旁證》曰：陳校「逐」改「遾」。各本皆誤。

許氏《筆記》曰：「逐」，何改「遾」，當作「逭」。嘉德案：應劭曰：「逭，逃也」，顏曰：「逭，古遾字。」

【疏證】

奎本以下諸六臣合注本、尤本悉同。謹案：今本《漢書敘·述張耳陳餘》：「張、陳之交游如父子，攜手逭秦，拊翼俱起。」應劭曰：「逭，逃也。」師古曰：「逭，古遾字也。」應劭《風俗通義》卷七作：「遾」。是《漢書》用古字，《風俗通》用今字。本書袁彥伯《三國名臣序贊》「撫翼桑梓」注、劉孝標《廣絕交論》「張王撫翼於陳相」注引並作「遾」。《山海經·中山經》：「又東二十里，曰苦山。有獸焉，名曰山膏。其狀如逐」郭注：「即豚字。」《太玄經·晉》：「師或導射，豚其埻」范望注：「豚，遁（遾）也。」是「逐」與「豚、

遯」通。然則，毛本及諸《文選》本不誤，陳、何校不必改用今字，前胡、梁、許以為誤者，皆非。

勸進表一首　　劉越石

建興五年　　注：《晉書》曰：建興，閔帝年號。

【陳校】

注「閔帝」。「閔」，「愍」誤。

【集說】

顧按：「閔」，即「愍」字。

胡氏《考異》曰：注「閔帝年號。」何校「閔」改「愍」。陳同。各本皆誤。

梁氏《旁證》同胡氏《考異》。

【疏證】

奎本以下諸六臣合注本、尤本悉同。謹案：事見《晉書・孝愍帝紀》。此蓋後人避唐諱改。毛本當從尤本等，非誤；何回改，亦得。顧按初不主回改諱字，至作《考異》，則以回改為是。可見變化之跡。

冀州刺史左賢王渤海公臣磾，頓首死罪，上書。

【陳校】

「渤海公臣磾」。「磾」上脫「匹」字。下並同。

【集說】

胡氏《考異》曰：「臣磾」。茶陵本「磾」上有「匹」字，袁本無。下同。案：此疑善、五臣之異，二本不著校語，何校添。陳云：「磾上，脫匹字。下並同。」

梁氏《旁證》曰：六臣本「磾」上有「匹」字，是也。

姚氏《筆記》曰：「磾」上失「匹」字。篇中數處同。

黃氏《平點》曰：據別本「磾」上加「匹」字。下同。

【疏證】

五臣正德本及陳本、奎本、尤本同。明州本、贛本、建本有「匹」字。謹

案：「匹」字，袁本亦無，乃是明州本擅加，贛、建二本踵之，此六臣本有「匹」之來歷。梁氏所謂「六臣本」，即茶陵本，蓋出建本耳。尤本不從明、贛二本，必有別本依據。前胡之疑，梁、姚、黃三家說，恐非。

三葉重光，四聖繼軌　注：《書》曰：重宣光。業雅曰：軌，跡也。

【陳校】

注「重宣光。」「重宣」二字當乙。又「業雅」之「業」，當作「廣」。

【疏證】

奎本以下諸六臣合注本、尤本作「宣重」、「《廣雅》」。謹案：語見《尚書注疏·顧命》，正作「宣重」。本書陸士衡《皇太子宴玄圃宣猷堂有令賦詩》「體輝重光」注、任彥昇《為蕭楊州作薦士表》「七葉重光」注、孫子荊《為石仲容與孫皓書》「重光相襲」注、鍾士季《檄蜀文》「奕世重光」注、班孟堅《典引》「然後宣二祖之重光」注引《尚書》並作「宣重」。毛本獨因傳寫誤倒，陳校當從《尚書》、本書內證、尤本等正之。《廣雅》，見《釋詁》三。毛本傳寫偶譌「業」，本書孫興公《遊天台山賦》「追羲農之絕軌」注、潘安仁《閒居賦》「非至聖無軌」注、曹子建《贈白馬王彪》「中逵絕無軌」注、陸士衡《豫章行》「川陸殊途軌」注、傅季友《為宋公修張良廟教》「固已參軌伊望」注、陸士衡《演連珠（臣聞祿放）》「五侯竝軌」注引並作「《廣雅》」。陳校當從上下文義、本書內證、尤本等正之。

卜年過於周氏　注：《左傳》：王孫滿曰：成王定鼎郟鄏。

【陳校】

注「定鼎郟鄏」。「鼎」下脫「於」字。

【疏證】

尤本脫同。奎本以下諸六臣合注本咸有「於」字。謹案：語見《春秋左傳注疏·桓公二年》，正有「於」字，《史記·楚世家》、《藝文類聚》卷九十九、《太平御覽》卷七百五十六、《玉海》卷八十八並同。本書潘安仁《西征賦》「既定鼎于郟鄏」注、孫子荊《為石仲容與孫皓書》「器則九鼎猶存」注、顏延年《三月三日曲水詩序》「高祖以聖武定鼎」注、「隆周之卜既永」注引《左傳》並有「於」字。毛本誤從尤本，陳校當從贛本、本書內證、《左傳》等補

之。此亦前胡漏錄漏校例。

逆胡劉曜　注：何法盛《晉書‧胡錄》曰：劉載使劉曜寇長安。

【陳校】

　　注「劉載」。「載」，「聰」誤。

【集說】

　　胡氏《考異》曰：注「劉載使劉曜」。陳曰云云。是也，各本皆誤。

　　梁氏《旁證》曰：陳校「載」改「聰」。史本皆誤。

【疏證】

　　明州本、贛本、尤本、建本誤同。奎本作「聰」。謹案：事亦見今本《晉書‧劉聰傳》，「使劉曜寇長安」者，正是劉聰。《冊府元龜》卷四百四十二「敗衄」亦有：「時劉聰使劉曜陷長安，愍帝出降」云云。明州本首譌作「載」，尤本等誤踵之。毛本當又誤從尤本等，陳校當從《晉書》等正之。有奎本、《冊府元龜》在，梁氏且不得謂何法盛「《晉書‧胡錄》誤」，況敢倡言「史本皆誤」乎？陳未能見奎本，故本條足見陳校用史志之長。

敢肆犬羊　注：《漢名臣奏》曰：太尉應劭等議：以為鮮卑隔在漠北。犬羊為群。

【陳校】

　　注「太尉應劭」。「應」上脫「掾」字。

【集說】

　　胡氏《考異》曰：注「太尉應劭等議。」陳曰云云。是也，各本皆脫。

　　梁氏《旁證》曰：陳校「尉」下添「掾」字。各本皆脫。

【疏證】

　　奎本以下諸六臣合注本、尤本脫同。謹案：《藝文類聚》卷六十五「市」：引「《漢名臣奏》」作「太尉屬」，《太平御覽》卷八百二十七同。而《後漢書‧應劭傳》載應發此議，應時為「車騎將軍何苗掾」，然則，作「屬」亦得。本書沈休文《齊故安陸昭王碑文》「失義犬羊」注引正作「掾」，此當陳校所據。毛本當誤從尤本等。

再辱荒逆　注：再，為懷、愍二帝也。

【陳校】

　　注「為懷、愍」。「為」，「謂」誤。

【疏證】

　　奎本以下諸六臣合注本、尤本悉作「謂」。謹案：「為」與「謂」通，已見上左太沖《吳都賦》「略舉其梗概」條等。毛本未必誤，陳校不改亦得。

晋有驪姬之難　注：《左傳》曰：遂譖二公子公子皆知之。

【陳校】

　　注「二公子公子」，下二字衍。

【集說】

　　姚氏《筆記》曰：注「遂譖二公子公子皆知之。」按：「皆」上失「曰」字、衍下「公子」二字。

【疏證】

　　尤本下「公子」作「曰」字，有剜痕。奎本、贛本、建本無「二公子」三字。明州本擅刪善注。謹案：語見《春秋左傳注疏‧僖公四年》，正作「曰皆知之」，《冊府元龜》卷二百五十三、卷七百五十一併同，《毛詩注疏‧秦風‧渭陽》疏、《古今合璧事類備要》續集卷四十一「譖二公子」引皆同。本書班孟堅《幽通賦》「伯祖歸于龍虎」注引作：「譖諸公子，曰皆知之。」下四字，實亦同。尤本當從《左傳》改。毛本傳寫誤，陳校亦尚未得其實。

雖有夏之遘夷羿　注：《左氏傳》曰：夷羿牧之。

【陳校】

　　注「夷羿牧之。」「牧」，「收」誤。下「少康之隆」注「以牧」之「牧」，誤同。

【疏證】

　　奎本以下諸六臣合注本、尤本悉作「收」。謹案：語見《春秋左傳注疏‧襄公四年》，正作「收」，《太平御覽》卷八十二、卷六百四十五、《冊府元龜》卷十二等同。本書陸士衡《辯亡論上》「威稜則夷羿震盪」注引亦作「收」。毛本因形近而誤，陳校當從本書內證、《左傳》、尤本等正之。又，下「［昔］少

康之隆」注，毛本引《左氏傳》「伍員謂吳子曰：『（少康）為仍牧正，以牧夏眾。』」陳謂此處「以牧」之「牧」，亦「收」之誤。今按奎本以下諸六臣合注本誤同，獨尤本作「收」。語見《春秋左傳注疏・哀公元年》正作「收」字。本書《離騷經》「及少康之未家兮」注引《左傳》亦作「收」。此尤本外諸《文選》本蓋涉上「牧正」字而誤，毛本則誤從建本等耳。陳校亦從尤本、《左傳》、本書內證等正之。

遠無異望 注：《左傳》：叔何曰：我先君文公，人從而與之。

【陳校】

注「叔何」。「何」，「向」誤。

【疏證】

奎本以下諸六臣合注本、尤本悉作「向」。謹案：語見《春秋左傳注疏・昭公十三年》，正作「叔向」，《長短經・懼誡》、《冊府元龜》卷七百三十二引同。毛本獨因形近而誤，陳校當從《左傳》、尤本等正之。

齊人波蕩 注：《漢書》曰：富人博戲亂齊人。如淳曰：齊民，齊，等。無有貴賤，故謂之齊，若今平民也。

【陳校】

「齊人波蕩」。「齊人」，《晉史》作「黎元」。

【集說】

顧按：此唐修《晉書》時，避「民」字諱，改。

梁氏《旁證》曰：六臣本校云：五臣「人」作「民」。《晉書》「齊民」作「黎元」。

【疏證】

尤本同。贛本、建本同，校云：五臣作「民」。五臣正德本及陳本作「民」。奎本同，有校云：善本作「人」。明州本作「人」，校云：善本作「人」。謹案：此語見《漢書・食貨志》所忠言，正作「博戲亂齊民」，如淳注：「齊，等也。無有貴賤謂之齊民，若今言平民矣」云云，則亦作「民」。《漢書》則宗《史記・平準書》，《書》曰：「博戲亂齊民」《索隱》引晉灼云：「中國被教齊整之民也。」是《史》、《漢》並注皆作「民」之證。李善不避國諱，李濟翁已言之

鑿鑿。而二本五臣文雖作「齊民」，而良注卻云「平人離散」，則五臣正文必避諱作「人」可證。然則，奎本以下諸六臣本校語全譌可決。毛本誤從尤本等以五臣亂善，陳校則聊備史志異聞而已。

羣臣輯穆。好我者勸　注：《左傳·僖十五年》：呂甥對曰：喪君有君，羣臣輯睦。申兵益多。

【陳校】

　　注「申兵益多。」「申」，「甲」誤。

【疏證】

　　奎本以下諸六臣本、尤本悉作「甲」。謹案：《冊府元龜》卷二百五十二、《通志·呂飴甥傳》引、《文獻通考》卷一百四十九注引，並作「甲」。「申兵」，不辭。毛本獨因形近而誤，陳校當從《左傳》、尤本等正之。

深謀遠慮　注：《過秦論》曰：深謀遠慮……不及嚮時之事也。

【陳校】

　　注「嚮時之事」。「事」，「士」誤。

【疏證】

　　奎本以下諸六臣合注本、尤本作「士」。謹案：《過秦論》載本書，正作「士」，《史記·秦始皇本紀》、《漢書·項籍傳》引同。然「士、事一字，古通用」，毛本當有所宗，未必誤也。陳校改之未必是。參下司馬字長《報任少卿書》「且士本末未易明也」條。

文選卷三十八

為吳令謝詢求為諸孫置守冢人表一首　張士然

題下注：孫盛《晉陽春秋》曰。

【陳校】

　　［題］注「《晉陽春秋》」。按：東晉人因避鄭太后諱，故以「陽」易「春」。「陽」下，不當復有「春」字。下後並同。

【集說】

　　余氏《音義》曰：「《晉陽春秋》」，「春」字何刪。後注「《晉陽春秋》」，並同。案：孫盛《晉陽秋》，蓋避簡文宣太后諱阿春，取「春夏為陽」之義，改「春」為「陽」。《舊唐書·經籍志》作「《晉陽春秋》」，蓋同。《文選》注誤，不足證《選》注「春」字非衍。

　　梁氏《旁證》曰：注「孫盛《晉陽春秋》曰」，尤本無「春」字。余曰：「春字應刪。下同」云云。

　　姚氏《筆記》曰：「春」字衍。

　　許氏《筆記》曰：「春」字衍。何云：「東晉人因避太后諱，故以『陽』易『春』。『陽』下不當復有『春』字。」

【疏證】

　　奎本善注不誤、翰注衍。明州本翰注衍，省曰「善同翰注」，首以五臣亂善。贛本、建本從之，善注遂衍，省曰「翰同善注」。尤本、五臣陳本翰注引無

「春」字。正德本亦衍，蓋同奎本之底本爾。謹案：《隋書‧經籍志二》載：「《晉陽秋》三十二卷」注：「訖哀帝。孫盛撰。」本書潘安仁《關中詩》「盧播違命」等十餘處注引作「《晉陽秋》」，不衍。顏延年《五君詠‧嵇中散》「中散不偶世」注、孔氏《北山移文》「夫以耿介拔俗之標」注引衍「春」字同。毛本蓋誤從贛、建二本，陳、何校當從尤本、本書內證、《隋書‧經籍志》等正之。梁氏《旁證》誤此為余校。蓋不解余氏《音義》引何校之體例。說詳拙著《文選何校集證》。

燕祭齊廟　注：《傅子》曰：樂毅伐齊。

【陳校】

注「《傅子》」。「傳」，「傅」誤。

【疏證】

奎本以下諸六臣合注本、尤本悉作「傅」。謹案：「傅子」，傅玄。參上王康琚《反招隱詩》「周才信眾人」條。毛本獨因形近而誤，陳校當從尤本等正之。

故天稱罔極之恩　注：罔極，已見上《求親親表》。

【陳校】

注「《求親親表》」。「求」下，脫「通」字。

【疏證】

尤本有「通」字。奎本、明州本作「罔極，已見上文。」贛本、建本作「善同翰注」，而翰注無「罔及」兩句。謹案：曹子建《求通親親表》，載本書，見上文。卷一《東都賦》「光漢京于諸夏」善注云：「其異篇再見者，並云已見某篇。」尤本是。奎本作「已見上文」者，尚非。毛本從尤本而傳寫屢見脫「通」字見上江文通《雜體詩‧張黃門協》「高談玩四時」條，陳校當據尤本、本書內證等正之。

讓中書令表一首　庾元規

庾元規　注：何法盛《晉書》：《穎川庾錄》曰：肅祖納亮言，封於昌公。

【陳校】

「封於昌公」。「於」，「永」誤。

【疏證】

奎本以下諸六臣合注本、尤本悉作「永」。謹案：今《晉書》本傳有云：「以功封永昌縣開國公」，《冊府元龜》卷三百一、卷三百七十八同。可為作「永」之證。毛本從尤本等而傳寫形近有誤，陳校當從《晉書》、尤本等正之。

昔以中州多故　注：中州為洛陽。庾氏，穎川人。近洛陽，故云中州舊邦

【陳校】

注「為洛陽」。「為」，「謂」誤。

【集說】

胡氏《考異》曰：注「中州為洛陽。」陳曰云云。是也。各本皆誤。

梁氏《旁證》曰：陳校「為」改「謂」。是也，各本皆誤。

許氏《筆記》曰：注「中州」一條十九字，五臣注誤入，削。

【疏證】

奎本以下諸六臣合注本、尤本悉同。謹案：「為」與「謂」通，已見上左太沖《吳都賦》「略舉其梗概」條等。毛本當從尤本等，不誤。陳疏於音韻，故屢屢改之。然本條當以許校為得。善注中「中州為洛陽」十九字，蓋五臣銑注混入。今檢五臣正德本及奎本、明州本銑注並作：「中州，洛陽。舊邦，穎川也。庾氏所居。」至贛本已有察覺，刪去「中州」以下九字，祗存「庾氏所居」，建本從之。並是明證。且依善例，援引文獻，多冠書名，此十九字未見，亦足為許說旁證矣。

為國取侮

【陳校】

「侮」，當作「悔」。

【疏證】

贛本同。五臣正德本及陳本作「悔」，奎本、明州本、尤本、建本亦作「悔」。謹案：《晉書》本傳作「悔」，《冊府元龜》卷三百五同。本書顏延年《赭白馬賦》「取悔義方」注引庾《表》亦作「悔」。五臣作「悔」，濟注可證。

奎本以下諸六臣合注本無校語，則善本亦作「悔」。「悔」，災禍也。贛本因形近而誤，毛本誤踵之，陳校當從《晉書》、本書內證、尤本等正之。

薦譙元彥表一首　桓元子

庶武羅於羿浞之墟　注：《左氏傳》：魏絳曰：昔后羿……棄武羅、伯因、熊髡、尨圉，而用寒浞。《史記》曰：王蠋曰：與其生無義，固不如享名。遂頸其頸於樹枝。

【陳校】

注「尨圉」，當作「尨圄」。又「遂頸其頸」。上「頸」當作「經」。

【疏證】

奎本以下諸六臣合注本、尤本作「圄」、「經」。謹案：《左傳》事見《襄公四年》，正作「尨圄」。王蠋語見《史記·田單列傳》「太史公曰」，正作「經」，宋·李壁《王荊公詩注·田單》「王蠋豈非賢」注引同。本書屈平《離騷經》「厥首用夫顛隕」王逸注引亦作「尨圄」。毛本獨因傳寫形近而誤，陳校當從史志、本書內證、尤本等正之。

進免龔勝亡身之禍　注：《漢書》曰：王莽既篡，遣使者奉璽書太子師及祭酒印綬。

【陳校】

注「太子師及」。「及」，「友」誤。

【集說】

胡氏《考異》曰：注「太子師及祭酒印綬」。陳曰云云。是也，各本皆誤。

梁氏《旁證》曰：陳校「及」改「友」。各本皆誤。

【疏證】

奎本以下諸六臣合注本、尤本誤同。謹案：語見《漢書·龔勝傳》，正作「友」字，《通志·龔勝傳》、《冊府元龜》卷七百五十八同。《蒙求集註》「龔勝不屈」注引、《北堂書鈔》卷六十七「安車迎君賓」注引亦同。毛本當誤從尤本等，陳校當據《漢書》等正之。

解尚書表一首　殷仲文

殷仲文　注：檀道鸞《晉陽秋》曰。

【陳校】

　　注「檀道鸞《晉陽秋》」。「鸞」下，脫「續」字。

【集說】

　　余氏《音義》曰：「道鸞」下，何加「續」字。

　　胡氏《考異》曰：注「檀道鸞《晉陽秋》曰。」何校「晉」上添「續」字。陳同。各本皆脫。

　　梁氏《旁證》同胡氏《考異》。

　　姚氏《筆記》曰：按：「晉」上脫「續」字。

　　許氏《筆記》曰：「晉」上，何加「續」字。案：《玉海》云：「檀道鸞《晉春秋》二十卷。《隋志》云『《續晉陽秋》。』」然則，檀止為《晉春秋》，後人加「續」字，並改「春」為「陽」也。嘉德案：陳校亦加「續」字，皆依《隋志》。

【疏證】

　　尤本脫同。奎本、明州本省作「善同翰注」，翰注「鸞」下脫「續」、「秋」上衍「春」字。贛本、建本倒作善注，餘同奎本等。謹案：以上諸本皆誤。毛本誤從尤本，陳校當從《隋書·經籍志二》、本書內證等正之。參上殷仲文《南州桓公九井作》詩「殷仲文」條。本書沈休文《奏彈王源》「曾祖雅位登八命」注引亦脫「續」字。

於臣實所敢喻

【陳校】

　　《晉書》作「非所」，為是。

【集說】

　　余氏《音義》曰：「寔所」。《晉書》「寔」下有」非」字。

　　孫氏《考異》曰：《晉書》「實」下有」非」字。按：以上下文義求之當有。何校亦從《晉書》增入。

胡氏《考異》曰：「於臣實所敢喻」。何校「寔」下添「非」字，云「《晉書》有」。陳云：「《晉書》為是。」案：此似《選》文傳寫脫。

梁氏《旁證》曰：《晉書·殷仲文傳》：「實」下有「非」字。按：《晉書》是也，此傳寫誤脫耳。

姚氏《筆記》曰：「所」上脫「非」字。

許氏《筆記》曰：「實」下，何加「非」字，依《晉書》。

【疏證】

五臣正德本及陳本、奎本、明州本、建本、尤本俱脫。贛本獨有。謹案：《藝文類聚》卷五十四、《冊府元龜》卷八百九十七皆有「非」字。《四庫全書考證·文選》：「卷三十八《解尚書表》『於臣實非所敢喻。』刊本脫『非』字，據別本增。」陳、何校從《晉書·殷仲文傳》添，是。向注「於臣是不敢以此喻以與玄親也」，足見五臣固亦有「非」字，蓋奎本傳寫首奪，諸本因襲相繼而脫耳。前胡說、館臣考證並是。

是以僶俛從事　注：《毛詩》曰：何有何無，僶俛求之。

【陳校】

注當引《詩》「僶俛從事，不敢告勞。」今誤。

【疏證】

贛本、尤本、建本同。奎本、明州本作：「僶俛，已見上文」。謹案：「何有何無」二句，出《毛詩·邶風·谷風》，見陸士衡《文賦》「在有無而僶俛」注引；「僶俛從事」二句，用《毛詩·小雅·十月之交》，見潘安仁《悼亡詩》「僶俛恭朝命」注引。綜合正文及上下文義考慮，當以陳說為是。贛本首複出且誤引，尤本不能辨而誤從之，毛本再踵尤本、建本耳。此亦陳言善注之非當。

為宋公至洛謁五陵表一首　傅季友

以其月十五也，奉謁五陵

【陳校】

「以其月十五也。」「也」，「日」誤。

【疏證】

　　諸《文選》本咸作「曰」。謹案：審上下文義，亦不得作「也」。毛本獨因形近傳寫而誤。陳校當從尤本等正之。

為宋公求加贈劉前軍表一首　　傅季友

【陳校】

　　按：此《表》與穆之本傳異同頗多，昭明當是據傅亮本集。

【集說】

　　余氏《音義》曰：何引少章云：「與穆之本傳多異同，此據季友本集。」

　　葉刻：何曰：「少章云：『此《表》與穆之本傳所載，異同頗多，此據季友本傳。』」

　　孫氏《考異》同葉刻引何校。

　　梁氏《旁證》曰：何曰：「《表》與《宋書》本傳所載，異同頗多。陳少章以為此據季友本集。」按《隋志》：「《傅亮集》三十一卷。」久已無傳，不知是否也。見「撫寧之勳，實洽朝野，識量局致，棟幹之器也」條下。

　　姚氏《筆記》曰：何云「少章云」云。

　　許氏《筆記》曰：陳少章云：「此表與穆之本傳所載，異同頗多，此篇是據季友本集。」案：《選》中之文與史傳不同者甚多，不獨此《表》也。

【疏證】

　　謹案：本條陳氏總述《選》文來源，有據史傳與本集之異。又，據本條及余氏《音義》等，可正葉刻迻錄多有竄改。

居中作捍　　注：沈約《宋書》曰：又居東城。

【陳校】

　　注「又居東城。」「又」，「入」誤。

【疏證】

　　奎本以下諸六臣合注本、尤本悉作「入」。謹案：語見《宋書‧劉穆之傳》，正作「入」，《南史》、《通志》同，《冊府元龜》卷四百五十八亦同。毛本獨因形近而誤，陳校當從《宋書》、尤本等正之。

莫見其際　注：王隱《晉書》曰：樂廣任誠保直，莫見其際。

【陳校】

　　注「任誠保直」。「直」，疑「真」。

【疏證】

　　奎本以下諸六臣合注本同。尤本作「素」。謹案：孫氏《職官分紀・吏部尚書》「無功譽有遺美」注引、明・陳耀文《天中記》卷三十一引王隱《晉書》作「真人」。毛本當從贛本、建本等，尤本當出《晉書・樂廣傳》。陳校當從史志。毛本等疑非，尤本、陳校皆可備異聞。

為齊明帝讓宣城郡公第一表一首　任彥昇

太祖高皇帝篤猶子之愛　注：蕭子顯《齊書》曰：道生，即太祖之弟也。《漢書》曰：齊悼惠王肥，孝惠二年入朝，與齊王飲燕飲太后前。

【陳校】

　　注「太祖之弟」。「弟」，當作「兄」。又「齊王飲燕飲太后前」。上「飲」字衍。

【集說】

　　胡氏《考異》曰：注「道生，即太祖之弟也。」陳曰云云。是也，各本皆誤。《南齊書》本傳可證。

　　梁氏《旁證》同胡氏《考異》。

　　許氏《筆記》曰：「弟」，何改「兄」。嘉德案：陳亦云：「弟，當作兄。《南齊書》本傳可證」。

【疏證】

　　奎本作「第」，以下諸六臣合注本、尤本悉誤「弟」，諸本皆無上「飲」字。謹案：「弟」、「第」古今字，見上《古意酬到長史溉登琅邪城》「徐敬業」條。事見《南齊書・始安貞王道生傳》，作：「始安貞王道生，字孝伯。太祖次兄也。」《漢書》見《高五王・齊悼惠王肥傳》，正無上「飲」字。陳、何蓋分別從史志、尤本等正之。嘉德引「《南齊書》本傳可證」，係前胡語，本非陳校。

世祖武皇帝情等布衣　注：蕭子顯《齊書》曰：世祖武皇帝諱賾，字宣遠。

【陳校】

注「世祖武皇帝諱頤。」「頤」，「賾」誤。

【集說】

許氏《筆記》曰：何改「賾」。嘉德案：各本皆誤「頤」。

【疏證】

贛本、建本同。集注本、奎本、明州本、尤本作「賾」。謹案：語見《南齊書・武帝本紀》正作「賾」，《南史・齊本紀・世祖武皇帝》、《太平御覽》卷一百二十九引「蕭子顯《齊書》」咸同。「頤」確「賾」之譌字。《小爾雅・廣詁》：「賾，深也。」《漢書・律曆志》「探賾索隱，鉤深致遠，莫不用焉」師古曰：「賾，亦深也。」惟作「賾」，與「字宣遠」，義切合。毛本當誤從建本等，尤本蓋從明州本。陳校當從尤本、史志等正之。本書王元長《三月三日曲水詩序》「皇帝體膺上聖」注引亦誤作「頤」。

導揚末命　注：(《尚書・顧命》) 又曰：后憑玉几，導揚末命。

【陳校】

注「后憑主几」。「主」，「玉」誤。

【集說】

胡氏《考異》曰：注「又曰：后憑主几。」袁本、茶陵本「又」字作「尚書顧命」四字。

【疏證】

奎本以下諸六臣合注本、尤本悉作「玉」。謹案：語見《尚書注疏・顧命》正作「玉」字。任淵《后山詩注・丞相溫公挽詞（百姓）》「玉几雖來晚」注、本書王仲寶《褚淵碑文》「稟玉几之顧」注引並作「玉」。刻本「玉」字一點，時見置第一橫下，毛本或以此形近而誤，陳校當從《尚書》、本書內證、尤本等正之。前胡引袁、茶陵二本校「又」字，非，善注上文「實不忍自固於綴衣之辰，拒違於玉几之側」二句，既引《尚書・顧命》注「綴衣」，複曰「玉几，見下句」，則下文自當省作「又曰」。袁、茶二本複出四字，贅矣，前胡不當引。

雖嗣君棄常 注：嗣君，謂君爵林王也。

【陳校】

注「謂君爵林」。「君」字衍。

【疏證】

明州本、贛本、建本衍同。奎本、尤本「謂」下無「君」字。謹案：此明州本首涉上文而衍，毛本蓋誤從贛、建二本。五臣濟注亦不衍，陳校當從尤本、上下文義等正之。

職臣之由 注：職汝之由，已見王仲宣《贈女叔良》詩。

【陳校】

注「女叔良」。「女」，「文」誤。

【疏證】

奎本、明州本、尤本作「文」。贛本、建本複出，非。謹案：王仲宣《贈文叔良》詩，載在本書。本書顏延年《皇太子釋奠會作詩》「稟道毓德」注引不誤。毛本從尤本，而傳寫因形近而誤，陳校當從本書內證、尤本等正之。謹又案：注「職汝之由。」「汝」，當從正文作「臣」，各本皆譌。

徒懷子孟社稷之對 注：《漢書》：霍光奏曰：昌邑王賀，……當廢。……王曰：聞天子有爭臣七人，雖無色，不失天下。光謝曰：……臣寧負王，不賀社稷。

【陳校】

注「雖無色。」「色」，「道」誤。又「不賀社稷。」「賀」，「負」誤。

【疏證】

奎本、尤本作「道」、「負」。明州本、贛本、建本省作「善同翰注」，翰注作「道」、「負」。謹案：事見《漢書·霍光傳》，作「亡道」、「不負」。《通志·霍光傳》並同。《白虎通義·德論·諫諍》云：「故建三公、序四諍、列七人，雖無道，不失天下。」亦作「道」，可為旁證。《資治通鑑·孝昭皇帝下》亦作「不負」。毛本作「色」，傳寫誤；作「賀」，蓋涉上句而誤，陳校當從《漢書》、尤本等正之。

訓誓在耳　注：《左氏傳》：晉穆嬴曰。今君雖終，言猶在耳。

【陳校】

　　注「穆嬴」。「嬴」，「贏」誤。

【疏證】

　　奎本以下諸六臣合注本、尤本悉作「嬴」。謹案：事見《春秋左傳注疏・文公七年》正作「穆嬴」。本書潘安仁《西征賦》「遺響若鏗鏘之在耳」注作「嬴」；潘安仁《悼亡詩》（皎皎）「遺音猶在耳」注引則作「嬴」。「嬴」、「贏」和「嬴」三字得聲相近，故古文獻三字多見通用。參見上司馬長卿《子虛賦》「雙鶬下」條。然則，毛本作「贏」，未必誤，當有所出。陳校不改亦得。

家國之事　注：孫盛《晉陽秋》曰：郗超假還東。

【陳校】

　　注「郗超」。「郗」，「郄」誤。

【集說】

　　胡氏《考異》曰：注「郄超假還東。」何校「郄」改「郗」。陳同。是也，各本皆誤。

　　梁氏《旁證》同胡氏《考異》。

　　許氏《筆記》曰：「郄」，何改「郗」。嘉德案：陳校亦改「郗」，是也，各本皆誤。

【疏證】

　　奎本以下諸六臣合注本、尤本悉同。謹案：《藝文類聚》卷十三引《晉陽秋》作「郄」。《魏書・司馬昱傳》作「郗」。事亦見《魏書・司馬昱傳》，字正作「郗」。「郄」與「郗」別。「郄」為「郗」之俗譌字。《廣韻・脂韻》：「郗，姓。出高平。」楊慎《丹鉛摘錄》卷十三：黃伯思云：「郗姓為江左名族。其姓讀如絺繡之絺。而俗書作郄，因呼為郄詵之郄，非也。郄詵，晉大夫郄縠之後。郗鑒，乃漢御史大夫郗慮之後。姓源既異，音讀迥殊。後世因郗書相亂，郗、郄二姓遂不復分。陸魯望號為博古，其詩曰：『一段清光染郗郎』，亦誤讀也。然觀《右軍帖》，以郗為郄，實自伊始，退之所以貶為俗書也。」《廣韻・陌韻》：「郄，姓。出濟陰、河南二望。《左傳》：『晉有大夫郄獻子。俗從丟。』」「郄」為「郗」之俗譌字，則「郄」之正字「郤」，自然不同「郗」。陳、何從

《魏書》改「郤」為「郗」，是也。

寧容復邀榮於家恥　注：《晉中興書》曰：卞壺表曰：豈敢于祿位以徽時榮乎？

【陳校】

　　注「卞壺」。「壺」，「壼」誤。又「于祿位」。「于」，「干」誤。

【疏證】

　　奎本誤同。明州本、贛本、尤本、建本作「壼」。謹案：卞壺，字望之。濟陰冤句人。《晉書》卷七十有傳。文獻多見誤作「壼」。本書陸韓卿《奉答內兄希叔》「離宮收杞梓」注引卞氏議論，作「卞壺」，不誤。「于祿」，不辭。二字，毛本皆因形近而譌，陳校當無須披《晉書》、尤本等，但據上下文可正耳。

驃騎上將之元勳　神州儀刑之列岳　注：《漢書》曰：霍去病征匈如，有絕漠之勳。神州，已見上《薦譙元將表》。鄭氏《毛詩箋》曰：儀，則；刑，法也。

【陳校】

　　注「匈如」。「如」，「奴」誤。「譙元將」。「將」，「彥」誤。

【集說】

　　胡氏《考異》曰：注「神州，已見上」下至「刑，法也」。袁本此二十一字作「神州、儀刑，已見上文」八字，茶陵本複出，非。

【疏證】

　　尤本作「奴」、「彥」，餘同毛本。奎本等諸六臣合注本皆作「奴」。無「神州，已見上《薦譙元彥表》」，奎本、明州本作「神州、儀刑，已見上文。」贛本、建本則複出「神州」、「儀刑」注。謹案：《薦譙元彥表》，載在本書，已見上文。毛本從尤本，複出「儀刑」注，而傳寫誤作「將」、「如」。二誤字，陳應手可正，然疏於尤、毛之複出，是陳校之所以不及前胡之一端也。

但命輕鴻毛　注：陽泉《養性賦》曰：況性命之幾微，如鴻毛之漂輕。

【陳校】

　　注「陽泉」。「泉」字，誤。

【疏證】

　　奎本以下諸六臣合注本、尤本悉同。謹案：清・倪璠《庾子山集纂註・謝趙王賚馬並繳啟》「在命之輕，鴻毛浮於弱水」注引亦作「泉」。毛本當從尤本等。未知陳校所出，俟考。

存沒同歸，毀譽一貫　注：《莊子》：老聃曰：彼以死生為一以可條可為一貫也。

【陳校】

　　注「以可條」，「（可條）［條可］不」誤。

【疏證】

　　奎本以下諸六臣合注本、尤本悉作「彼以死生為一條，以可不可為一貫也」。謹案：《莊子》見《德充符》篇，作「彼以死生為一條，以可不可為一貫者」。是尤本等與之同，並作「條以可不」。毛本承上文，獨省「條以可不」之「以」字，作「條可不」，可；作「以可條」，則大非也。陳校當從《莊子》、尤本等正之。周鈔「條可不」，傳寫偶倒作「可條不」，今已乙正。

殞越為期　注：《左傳》：齊侯對宰孔曰：小白恐殞越上下。

【陳校】

　　注「殞越上下」。「上」，「于」誤。

【集說】

　　胡氏《考異》曰：注「《左傳》」下至「恐殞越于下」。袁本作「殞越，已見上文」，茶陵本複出，非。

【疏證】

　　贛本、尤本、建本作「于」。奎本、明州本作「殞越，已見上文」。謹案：前胡說是。「上文」，蓋謂《謝平原內史表》「廻霜收電，使不殞越」注。尤本從贛本複出，非；毛本從尤本等複出，傳寫又誤作「上」，益非矣。本書下任彥昇《到太司馬記室牋》「雖則殞越」注、曹子建《王仲宣誄》「孰先殞越」注引，亦並複出，作「于（於）」字，則不誤。

為范尚書讓吏部封侯第一表一首　任彥昇

分虎出守，持斧作牧　注：范曄《後漢書》曰：吳祐父恢，為南潯太守，欲殺青簡以寫經書。

【陳校】

　　上句謂為零陵始興內史，下句謂遷廣州刺史也。下「赭衣為虜」四句，謂在州坐譚儼事下獄，會赦免也。注皆未悉。又注中「南潯太守」。「潯」，當作「海」。

【集說】

　　余氏《音義》曰：「南潯」。「潯」，何改「海」。

【疏證】

　　奎本以下諸六臣合注本、尤本悉作「海」。謹案：事見《後漢書‧吳祐傳》，正作「海」。《北堂書鈔》卷一百四「青簡寫書」注引「張璠《漢記》：吳祐父恢為南海太守」。《白孔六帖》卷二十「諫父」注亦作「南海太守」。毛本蓋傳寫譌誤，陳校當從《後漢書》、尤本等正之。本條亦陳校兼補正善注之失。

亂離斯瘼　注：《毛詩》曰：亂離瘼矣，爰其適歸。薛君曰：瘼，散也。

【陳校】

　　「瘼」，當作「莫」。注同。「《毛詩》曰：亂離瘼矣」，當作「《韓詩》曰：亂離斯莫」。潘安仁《關中詩》注可證。

【集說】

　　胡氏《考異》曰：「亂離斯瘼。」陳曰云云。案：所說是也。袁、茶陵二本所載五臣向注云：「瘼，病也。」必善「莫」、五臣「瘼」。各本亂之，而失校語，後又並改善注。甚非。

　　梁氏《旁證》曰：陳曰：「『瘼』，當作『莫』。注同。『《毛詩》』，當作『《韓詩》』。『瘼矣』，當作『斯莫』。潘安仁《關中詩》注可證。」

　　薛氏《疏證》曰：沈休文《齊故安陸昭王碑文》「而皇情眷眷，慮深求瘼」注引《毛詩》曰：「求民之莫」，班固《漢書》引《詩》則作「瘼」。《爾雅》曰：「瘼，病也。」《說文》「莫，日且冥也。」《毛詩》之「莫」，蓋假借字，其正

字自當作「瘼」。「瘼」字莫聲，故通用耳。《勸進表》注引《羽獵賦》「杖莫邪而羅者，以萬計矣」，《辨亡論》注：「《羽獵賦》：『杖鏌邪而羅者，以萬計』」；《詠史詩》「君平獨寂漠」注：「《楚辭》曰：『野寂寞其無人』」；《赴洛》詩：「寂漠聲必沈」注「《淮南子》曰：『寂寞音之主也。』」由偏旁例推，亦通用之證也。

胡氏《箋證》曰：按：注既引薛君《章句》，則非《毛詩》矣。薛訓「瘼」為「散」，則不作「瘼」可知。本書《關中詩》注引《韓詩》作「莫」，薛君曰：「莫，散也」，又引《毛詩》曰：「瘼，病也」，是《韓》作「莫」，《毛》作「瘼」，最為分曉。《說苑‧政理篇》引《詩》「亂離斯莫」自注：今亦誤為瘼，即云「傷離散而為亂」，當亦《韓詩》說也。此注並為後人所改。

許氏《筆記》曰：「瘼」，當作「莫」。注「《毛詩》」，當作「《韓詩》」。「瘼矣」，當作「斯莫」。薛君曰：「莫，散也。」說見《關中詩》注。嘉德案：胡、陳校並同，是也。向注乃作「瘼」。

【疏證】

奎本、明州本、尤本、建本並注同。贛本同，獨注云：「《韓詩》曰：『亂離斯莫，爰其適歸。』薛君曰：「莫，散也。」《毛詩》曰：『亂離瘼矣。』毛萇曰：『瘼，病也。』今此既引《韓詩》宜為莫字。」謹案：贛本此四十字，乃複出潘氏《關中詩》「亂離斯瘼，日月其稔」下注文。複出，是贛本固用手段。「今此既引《韓詩》，宜為莫字」，所論極當。自奎本《關中詩》注已如此。本條，尤本蓋誤從明州本，毛本則誤從尤本、建本等。陳校當從贛本、本書內證等正之。「莫」之所以誤「瘼」，前胡說亦是。五臣正德本、陳本正作「瘼」，向（《關中詩》注作翰字）注云：「瘼，病也翰注無也字」。薛氏說雖是，然善與五臣既有別，則不當淆亂。

悵望鍾阜　注：蔡邕《詩序》曰：暮宿河南。悵望。許慎曰：鍾山，北陸無日之地。

【陳校】

「悵望鍾阜。」謂建康之鍾山也。注誤引許叔重語。

【集說】

胡氏《考異》曰：注「蔡邕詩序曰」，下至「北陸無日之地」。袁本作「悵

望鍾阜，已見上文」八字。茶陵本所複出，與此同。陳曰云云。今案：善謂「鍾阜，已見上文」者，謂自於沈休文《鍾山詩》題下注訖也。複出者失其意，用「許慎曰」云云當之，致為巨謬。尤專主增多，乃取以竄入。陳駁雖是，然細繹袁本，善初無斯誤也，凡複出增多，大足為累，於此可知，餘不盡論。

梁氏《旁證》曰：陳曰云云。按：六臣本注作「悵望鍾阜，已見上文」八字，謂已見沈休文《鍾山詩》題下。此本複出，又誤增多，皆沿六臣別本之誤。當訂正。汪氏師韓亦誤認為李注，其實非也。

胡氏《箋證》曰：按：許慎《淮南注》又見本書《琴賦》注，而沈休文《鍾山詩》題注則引徐爰《釋問略》曰「建康北十里有鍾山」，此當指建康。六臣本注作「鍾阜，已見上文」，蓋指《鍾山詩》注也。後人乃誤以《琴賦》注補之，遂致不合。

許氏《筆記》曰：六臣本善注云：「鍾阜，已見上文。此許慎」云云。妄人謬加。削。嘉德案：陳云：「鍾阜，建康鍾山也。注誤。」胡云：「《鍾山詩》已注明。用許慎云云，巨謬」。

【疏證】

贛本、尤本、建本同。奎本、明州本作「悵望鍾阜，已見上文」。謹案：毛本當誤從尤、建二本等，陳謂「建康之鍾山」是。後胡言及之「《琴賦》注」，見該賦「徽以鍾山之玉」句下。前胡云「善初無斯誤」，此「複出增多之為累」。至確。

接統千祀　注：《漢書》曰：司馬談曰：今天子接千歲之統。

【陳校】

注「《漢書》曰」。「曰」字，衍。

【疏證】

明州本、建本衍同。奎本、贛本、尤本悉無「曰」字。謹案：「今天子」云云，確係《漢書·司馬遷傳》引司馬談語。善注引書例，凡有直接引語緊承書名者，書名下例省「曰」字。如下條注作：「《尚書》：武王曰」云云。「《尚書》」下，即省去「曰」字。而本書顏延年《車駕幸京口侍遊蒜山作》「周南悲昔老，留滯感遺萌」注，先釋意：「昔老，謂司馬談也。遺萌，自謂也。言帝

方卜征以登封，而已巖耕以謝職，不獲預觀盛禮。所以悲同昔人。」復徵引上司馬談故事：「《漢書》曰：天子始建漢家之封，而太史公留滯周南，不得與從事。曰：『今天子接千歲統封泰山，而予不得從行，是命也。』」「《漢書》」下有「曰」字，即因引「太史公（談）」語，非緊接書名爾。兩相比較，可證予說之不誣。然則，毛本蓋誤從建本等，陳校當從本書內證刪之，是也。

功懋同德　注：《尚書》：武王曰：予有亂臣士人，同心同德。

【陳校】

　　注「亂臣士人」。「士」，「十」誤。

【疏證】

　　奎本以下諸六臣合注本、尤本悉作「十」。謹案：語見《尚書注疏·泰誓中》，正作「十」，《初學記》卷九「有十亂」注、《白孔六帖》卷三十「同心」注引並同。本書潘安仁《西征賦》「竊十亂之或希」注、陸佐公《石闕銘》「抗茲同德」注、謝玄暉《齊敬皇后哀策文》「十亂斯俟」注引並注「十」。毛本獨因音近而誤，陳校當從《尚書》、本書內證、尤本等正之。

列宅舊豐　注：《漢書》曰：盧綰，豐人也。與高祖同里。蕭曹等特以事見禮，至其以事，莫及綰也。

【陳校】

　　注「至其以事。」「以事」，當作「親幸」。

【疏證】

　　奎本、贛本、尤本、建本作「親幸」。獨明州本省作「善同良注」，而良注未及此。謹案：語見《漢書·盧綰傳》，正作「親幸」，《史記·盧綰傳》、《冊府元龜》卷九十九、卷一百七十一同。毛本獨涉上文而誤，陳校當從《漢書》、尤本等正之。

忘揹講之尤，存諸公之費　注：《東觀漢記》曰：初，上學長安時，過朱祐宅。祐留上，須講竟，乃談話。……又曰：……南陽大人賢者，往來長安，為之邸問稽疑。

【陳校】

　　注「朱祐」。「祐」，當作「祜」。又「南陽大人賢者。」當作「南陽人與

賢者」。

【集說】

胡氏《考異》曰：注「過朱祐」。陳云：「祐，祜誤。下同。」各本皆譌。又曰：「南陽大人賢者。」陳云：「大人，當作人與。」是也。袁本、茶陵本無「大」字，亦脫「與」。

梁氏《旁證》曰：陳校「大人」，作「人與」。六臣本無「大」字，脫「與」字。

【疏證】

奎本以下諸六臣合注本、尤本悉誤「祐」。奎本、明州本作「賢者往來南陽。」贛本、建本作「南陽人賢者。」尤本同毛本。謹案：事見《東觀漢記‧世祖光武皇帝》作「祜」、誤「南陽大人賢者」。《太平御覽》卷九十引作「南陽大人」無「賢者」字。「祐」、「祜」，古籍多見混淆，袁宏《後漢紀‧光武皇帝紀》、《太平御覽》卷六百十五引《東觀漢記》即並誤作「朱祐」。毛本當誤從尤本，陳校當從《東觀漢記》改「祜」。陳校作「人與」者，當據上下文耳。

在魏則毛玠公方　注：《賢行狀》曰：玠，雅亮公正。

【陳校】

注「《賢行狀》」。「賢」上脫「先」字。

【疏證】

奎本、贛本、尤本、建本有「先」字。獨明州本脫此注。謹案：語見《魏志‧毛玠傳》「復典選舉」裴注引《先賢行狀》，《北堂書鈔》卷五十九「毛玠在官清恪」注引同。宋本《三國志文類‧先賢行狀》稱毛玠，亦有「先」字。毛本從尤本而傳寫脫，陳校當從史志、尤本等補之。

位裁元凱　注：《左傳》：太史克曰：昔高陽氏有才子八人：蒼舒、隤敳、檮戭、大臨、龍降、庭堅……，謂之八凱。

【陳校】

注「龍降」。「龍」，「尨」誤。

【疏證】

　　贛本同。奎本、明州本、尤本、建本作「尨」。謹案：語見《春秋左傳注疏·文公十八年》，正作「尨」字。本書劉孝標《辯命論》「故重華立而元凱升」注引亦作「尨」。張平子《思玄賦》「幸二八之遴虞兮」注引作「厖」。「厖」與「尨」通。《左傳·襄公四年》：「棄武羅、伯因、熊髡、尨圉，而用寒浞。」《漢書·古今人表》作「厖圉」，可證。毛本當誤從贛本，陳校當從《左傳》、本書內證、尤本等正之。

高祖少連　　注：王生孺《范氏譜》曰：汪生少連。

【陳校】

　　注「王生孺」。「生」，「僧」誤。

【集說】

　　余氏《音義》曰：「生孺」。「生」，何改「僧」。

【疏證】

　　奎本以下諸六臣合注本、尤本悉作「僧」。謹案：《新唐書·藝文志》載：「王僧孺《百家譜》三十卷。」《范氏譜》或在其中。吳語「生」、「僧」音同，毛本獨因音同譌，然下文「薄宦東朝」注複引《范氏譜》，則作「僧」。陳、何當據本書內證、尤本等正之。

宿心素志　　注：正隱《晉書》甄彬奏曰：不宜違人之素志。

【陳校】

　　注「正隱」。正」，「王」誤。

【集說】

　　余氏《音義》曰：「正隱」。六臣「正」作「王」。

【疏證】

　　奎本以下諸六臣合注本、尤本悉作「王」。謹案：本書除陸士衡《答賈長淵》題下注亦譌作「正隱晉書」外，其餘九十餘處皆不誤。《隋書·經籍志二》：「《晉書》八十六卷」注：「本九十三卷。今殘缺。晉著作郎王隱撰。」毛本獨因形近而誤，陳校當從《隋書》、本書內證、尤本等正之。

為蕭揚州作薦士表一首　任彥昇

五讓高世　注：《漢書》：爰盎謂文帝曰：陛下有高世之行主。

【陳校】

　　注「高世之行主」。「主」，「三」誤。

【疏證】

　　奎本以下諸六臣合注本、尤本悉作「三」。謹案：語見《漢書·爰盎傳》，正作「三」，《通志·爰盎傳》、《冊府元龜》卷八百三十三同。本書陳孔璋《答東阿王牋》「君侯體高世之才」注引作「三」。毛本獨因形近而誤，陳校當從《漢書》、本書內證、尤本等正之。

委求河上　注：《晏子》曰：治天下若委裘，用賢，委裘之實。桓公聽管仲，而趙襄子信王登，此之謂委裘。然委裘，謂用賈也。

【陳校】

　　注「謂用賈也」。「賈」，「賢」誤。

【疏證】

　　奎本以下諸六臣合注本、尤本悉作「賢」。謹案：觀注上文有「用賢，委裘之實」，則自當作「賢」。毛本獨因形近而誤，陳校當從上下文義、尤本等正之。文作「求」，蓋「裘」之古字，《說文·裘部》：「求，皮衣也⋯⋯求，古文省衣。」此毛本好用古字。陳氏漏校矣。附及之。

勢門上品　注：謝靈運《宋書序》曰：下品無高門，上品無賤族。

【陳校】

　　注「《宋書序》」。「宋」，「晉」誤。

【集說】

　　余氏《音義》曰：「《宋書序》」。「宋」，何改「晉」。

　　胡氏《考異》曰：注「謝靈運《宋書序》曰」。何校「宋」改「晉」，陳同。是也，各本皆誤。

　　梁氏《旁證》同胡氏《考異》。

　　許氏《筆記》曰：何改「晉書」。案：《隋志》：「謝靈運《晉書》三十六卷。」

【疏證】

奎本以下諸六臣合注本、尤本譌同。謹案：二句本出晉人劉毅。《晉書·劉毅傳》作「上品無寒門，下品無勢族」，然沈約《宋書·恩倖傳序》引「劉毅所云」，則作：「下品無高門，上品無賤族也。」《宋書》所引與善注語正合，且又同為《序》語，然則，善注所引為沈《書》，陳、何校當改「謝靈運」為「沈約」方確。諸家說咸誤。毛本蓋誤從尤本等。《通志·選舉略》、《冊府元龜》卷六百二十九引劉毅說並同沈約《宋書》，而非謝氏《晉書》。又，《宋書·恩倖傳序》即本書《恩倖傳論》「劉毅所云」下，善注引劉毅疏亦作「上品無寒門，下品無勢族」，一如上《晉書》。然此為「臧榮緒《晉書》」，亦非謝氏《晉書》。謝撰《晉書》，見《隋書·經籍志二》：「《晉書》三十六卷」注：「宋臨川內史謝靈運撰」云。

七葉重光　注：《晉中興書》曰：導生洽，洽生珣。

【陳校】

注「導生治，治生珣。」兩「治」字，並「洽」誤。

【疏證】

奎本以下諸六臣合注本、尤本並作「洽」。謹案：本書任彥昇《王文憲集序》「六世名德」注引並作「洽」，不誤。毛本獨傳寫形近而譌，陳校當據本書內證、尤本等正之。

物疏道親　注：《尹文子》曰：處名位，雖不肖，不患物不親已；在貧賤，不患物不疏已。親疏係乎勢利，不係乎不肖與仁賢也。

【陳校】

注「在貧賤」下，脫「雖仁賢」三字。

【集說】

余氏《音義》曰：「在貧賤」下，何增「雖仁賢」三字。

胡氏《考異》曰：注「在貧賤，不患物疏已。」何校「賤」下，添「雖仁賢」三字，陳同。是也，各本皆脫。

梁氏《旁證》曰：何校「賤」下添「雖仁賢」三字。

【疏證】

奎本以下諸六臣本、尤本悉脫此三字。謹案：觀下文雙綰「不肖與仁賢」，則有此三字，始得與上「雖不肖」偶，理當有之。今本《尹文子·大道上》作：「處名位，雖不肖，下愚物不疏已。親疏係乎勢利，不係於不肖與仁賢」，當亦據《選》注補正。毛本誤從尤本等，陳校當從上下文義補之。前胡等說亦是。

李公不亡而已哉 注：范曄《後漢書》曰：李固，字子堅。漢中南鄭人，司徒郃之子。

【陳校】

注「郃之子」。「郃」，「邰」誤。

【疏證】

奎本以下諸六臣合注本、尤本悉作「郃」。謹案：《後漢書》，見《李固傳》，正作「郃」字，《東觀漢記》、《通志·固傳》、《太平御覽》卷七百二十九引《東觀漢記》並同。毛本獨因形近而誤，陳校當從《後漢書》、尤本等正之。

理尚棲約

【陳校】

下脫「思致恬敏」一句。

【集說】

梁氏《旁證》曰：毛本脫「思致恬敏」四字。

【疏證】

諸《文選》本咸有此一句。謹案：《梁書·王僧孺傳》引正有「思致恬敏」四字。據五臣濟注：「恬，靜；敏，達也。言棲意儉約，思至靜達」，則可證五臣亦有此一句。複觀下文「既筆耕為養，亦傭書成學」相偶成文，則固當有下句為對。毛本傳寫偶脫，陳校當從上下文義、尤本等補之。

亦傭書成學 注：范曄《漢書》曰：班超為官傭書以供養。

【陳校】

「漢」，上添「後」字。梁氏《旁證》

【集說】

胡氏《考異》曰：注「范曄《漢書》曰。」何校「漢」上添「後」字。是也，各本皆脫。

梁氏《旁證》曰：注「范曄《漢書》曰。」何校「漢」上添「後」字。陳同。各本皆脫。

【疏證】

梁校多襲胡氏《考異》，胡（顧）氏嘗藏有陳氏《舉正》稿，此條梁氏較《考異》多出「陳同」二字，殊為可疑，今覈周鈔《舉正》，並無此校，似是梁氏妄增也。姑存之，亦以見今日有整理《舉正》之必要。

而才實世資 注：班固《漢書·翟方進術》曰：用合時宜，器周世資。

【陳校】

注「翟方進術」。「術」，「述」誤。

【疏證】

奎本以下諸六臣合注本、尤本悉作「述」。謹案：語見《漢書·敘傳·述翟方進傳》。毛本獨因音近而誤，陳校當從《漢書》、尤本等正之。

為范始興作求立太宰碑表一首　任彥昇

崇師之義，擬迹於西河 注：《禮記》：曾子謂子夏曰：事夫子於洙泗之間，退而老于西河之上。使西河之人擬汝於夫子。

【陳校】

「擬迹於西河」。「擬」，「疑」誤。

【疏證】

諸《文選》本咸同。奎本、贛本、尤本、建本注作「疑」。明州本獨刪此注。謹案：語見《禮記注疏·檀弓上》，正作「疑」字。「擬」有二解：一，與「疑」通。懷疑也。《漢書·揚雄傳上》：「枳棘之榛榛兮，蝯狖擬而不敢下」師古注曰：「擬，疑也」，可證。一，類似，比也。清·沈燾《說文古本考》：「《一切經音義》：『擬，比也。』是古本尚有『比也』一訓。」以此二解用於解《檀弓》孔《疏》：「云：『疑女於夫子』者，既不稱其師，

自為談說辨慧，聰睿絕異於人，使西河之民，疑女道德與夫子相似」。皆為得宜。前者言，西河之民懷疑你與孔子無別；後者意謂：將子夏逕比作孔子。然在本文，觀其下二句為：「尊主之（間）［情］，致之於堯禹」云云，則顯而易見，與「致之」相對為文，自當作「擬迹（比迹）」為勝。退一步言，「擬」，既與「疑」通，況諸《文選》本無一不作「擬」，亦足可證陳校之非也。

尊主之間

【陳校】

「間」，「情」誤。

【疏證】

諸《文選》本咸作「情」。謹案：「情」與上「崇師之義」之「義」字，相對為文。毛本獨因形近傳寫致誤，陳校當據上下文義、尤本等正之。

必窮鐫勒

【陳校】

下脫「之盛」二字。

【疏證】

諸《文選》本咸有「之盛」二字。謹案：本句與下「亦盡刊刻之美」相對為文，「之盛」二字當有，又就本句言，若無下「之盛」二字，「窮」字亦無着落。必毛本傳寫獨脫，陳校當從上下文義、尤本等補之。

鷗鶂東徙　注：吳均《齊春秋》曰：鬱林王即位，子良謝疾不視事。帝嫌之，又潘敞以仗防之。

【陳校】

注「又潘敞」。「又」，「使」誤。

【集說】

胡氏《考異》曰：注「又潘敞以仗防之。」陳曰云云。是也，各本皆誤。

梁氏《旁證》曰：陳校「又」改「使」，各本皆誤。

【疏證】

奎本、明州本、尤本、建本誤同。贛本獨作「使」，不誤。謹案：檢《南齊書‧武十七王‧竟陵文宣王子良傳》云：「大行出太極殿，子良居中書省。帝使虎賁中郎將潘敞領二百人仗屯太極西階，防之。」亦作「使」字，可為借證。毛本誤從尤本等，陳校當從今本《南齊書》、贛本、上下文義正之。

而阮略既泯　注：《陳蒙志》曰：阮略，字德規。

【陳校】

注「《陳蒙志》」。「蒙」，「留」誤。

【疏證】

奎本、贛州本、尤本、建本作「留」。明州本作「善同銑注」，而銑注無引此《志》。謹案：《隋書‧經籍志二》載：「《陳留志》十五卷，注：『東晉剡令江敞撰。』」毛本傳寫而誤，陳校當從《隋書》、尤本等正之。

至於道被如仁，功參微管　注：如仁、微管，並見上傅季友《修張良教》。

【陳校】

注「張良」下，脫「廟」字。

【集說】

胡氏《考異》曰：注「修張良教」。何校「良」下添「廟」字，陳同。是也，袁本亦脫。茶陵本複出，非。

梁氏《旁證》曰：何校「良」下添「廟」字。陳同。

【疏證】

奎本、明州本、尤本脫同。贛本、建本複出。謹案：傅文見載本書。尤本誤從明州本。毛本蓋誤從尤本等，陳、何校蓋從本書內證及上下文義補之。

故太宰淵、丞相嶷　注：《褚淵碑》，即玉檢所制。蕭子顯《齊書》曰：第二子恪，託沈約及孔稚圭為文。

【陳校】

注「玉檢」，當作「王儉」。又「第二子恪」，當作「第二子子恪」。

【集說】

　　胡氏《考異》曰：注「第二子恪。」陳云：「子字當重。」是也，各本皆脫。

　　梁氏《旁證》曰：「第二子恪。」「子」字當重有。各本皆脫。

【疏證】

　　奎本、明州本、贛本、尤本作「王儉」、「恪」、不重「子」字。建本誤「玉儉」、作恪」、亦不重「子」字。謹案：《褚淵碑》文載在本書，正王儉作。又，《南齊書‧豫章文獻王傳》載：「嶷臨終，召子子廉、子恪曰：人生在世」云云。本名「子恪」。梅鼎祚《南齊文紀‧（樂藹）與右率沈約書》注云：「建武中，第二子子恪托約及太子詹事孔稚珪為文」，正重「子」字，必有所承。可為旁證。然則，毛本作「玉」、脫一「子」字，當誤從建本等；誤「檢」、「格」，則獨傳寫誤耳。陳校當從《南齊書》、本書內證、尤本等補正之。本條，前胡「子字當重」，稍變化周鈔陳校，然其義無二致。

樵蘇罔識其禁　　注：《戰國策》：顏蠋為齊王曰：秦攻齊令曰。

【陳校】

　　注「為齊王」。「為」，「謂」誤。

【疏證】

　　奎本以下諸六臣合注本、尤本悉作「謂」。謹案：事見《戰國策‧齊策四》惟作「王曰：『有說乎？』蠋曰：『有。昔者秦攻齊，令曰』」云云。「謂」字，本後人所加。然「為」與「謂」通，已屢見上文。此毛本好古之累，不煩證矣。

末蓐螻蟻　　注：《戰國策》：安陵君謂楚王曰：犬馬臣願得式黃泉，蓐螻蟻。

【陳校】

　　注「式黃泉」。「式」，「試」誤。

【集說】

　　顧按：「式」，即「試」字。

【疏證】

　　奎本、明州本、尤本、建本同。贛本作「試」。謹案：宋‧姚宏續注《戰

國策・楚策一》作「願得以身試黃泉」注云：「錢、劉：試，一作式。曾云：又作式。」《說文・言部》：「試，用也」。《爾雅・釋言》：「式，用也。」「試」、「式」，即下延叔堅注「為王先用填黃泉」之「用」，三者義同。陳校非，顧按是。毛本當從尤本等。陳校當拘泥於贛本，復疏於通假，屢如此類。

又注：延叔堅《戰國策論》語曰：為王先用填黃泉，為王作蕁以御螻蟻。

【陳校】

注「《戰國策》論語」。「論」，當作「注」，「語」字衍。

【集說】

余氏《音義》曰：「策論語」。六臣無「語」字。

顧按：此衍「語」字。延叔堅《戰國策論》一卷，載《隋志》。

【疏證】

奎本、明州本、尤本、建本作「論曰」，贛本獨作「注曰」。謹案：延著，見《隋書・經籍志二》：「《戰國策論》一卷」注：「漢京兆尹延篤撰。」本書阮嗣宗《詠懷詩十七首》（湛湛）「一為黃雀哀」注引亦作「《戰國策論》」曰。毛本本從尤本等而傳寫獨衍「語」字，陳校當從贛本，然據本書內證，還以顧按為謹慎，作「《戰國策論》」為是。阮《詠懷詩》注，贛本亦作「論」，不作「注」，然則，陳校亦得失參半。

珠襦玉匣　注：《西京雜記》曰：（玉匣）皆鏤為交龍……所謂交龍玉匣。

【陳校】

注中兩「交龍」。皆當作「蛟龍」。

【集說】

胡氏《考異》曰：注「皆鏤為蛟龍。」袁本、茶陵本「蛟」作「交」，是也。

【疏證】

奎本以下諸六臣合注本作二「交」字。尤本作「蛟」、「交」。謹案：語見今本《西京雜記》卷一，正二作「蛟」。《北堂書鈔》卷九十四「珠襦玉匣」注、《初學記》卷七「玉匣」注引皆二作「蛟」，《太平御覽》卷五百五十五引並同。然「交」與「蛟」通。《漢書・高帝紀上》：「父太公往視，則見交龍於

上」，《史記・高祖本紀》作「蛟龍」。是其證。然則，尤本可，毛本亦不誤，陳校蓋泥於贛本等，前胡校亦非。

庶存馬駿必拜之感　注：臧榮緒《晉書》曰：長老見牌者，無不拜之。

【陳校】

注「見牌者」。「牌」，「碑」誤。

【集說】

胡氏《考異》曰：注「長老見碑」。袁本、茶陵本「碑」下有「者」字。案：此修改去之。

【疏證】

尤本作「長老見碑」，《記纂淵海》卷六十四同。奎本、贛本、建本作「長老見碑者」，明州本省作「善同濟注」，濟注作「長老者見之」，此或尤本修改前面目。謹案：《太平御覽》卷五百四十二：「《晉諸公讚》曰：每見其碑，讀者無不拜之」。然則，作「碑」是，「碑」下當有「者」字。「牌」字，毛本獨形近傳寫而誤，陳校當從尤本等正之。

文選卷三十九

上秦始皇書一首　　李斯

迎蹇叔於宋　　注：《史記》曰：繆公傳人厚幣迎蹇叔。

【陳校】

　　注「繆公傳人」。「傳」，「使」誤。

【疏證】

　　奎本以下諸六臣合注本、尤本悉作「使」。謹案：語見《史記‧秦本紀》，正作「使」，《冊府元龜》卷二百三十九、卷二百四十一等同，《太平御覽》卷六百三十引《左傳》、亦作「使」。毛本獨因形近而誤，陳校當從《史記》、尤本等正之。

惠王用張儀之計，拔三川之地　　注：《史記》又曰：惠文君八年，張儀復相秦，攻韓宜陽，降之。云孝公十年，納魏上郡。

【陳校】

　　注「云孝公」。「云」字衍。

【集說】

　　胡氏《考異》曰：注「又曰：惠文君八年，張儀復相秦，攻韓宜陽，降之。云孝王」，案：此二十一字決非善注，不知何時竄入。考張儀復相，後八

年也。《秦本紀》、《六國表》《韓世家》皆並無「攻韓宜陽降之」之事，善烏由為此語？況下方引甘茂伐宜陽而疑書誤，若果有此語，便是無疑，彌乖刺難通矣。各本皆同，其謬已久。今特訂正。袁、茶陵二本「王」作「公」。

梁氏《旁證》曰：胡公《考異》曰：「此二十一字決非善注。考張儀復相，後八年也。《秦本紀》、《六國表》、《韓世家》並無攻韓宜陽降之之事，善烏由為此語？況下方引甘茂伐宜陽而疑書誤，若果有此語，便是無疑矣。」六臣本「王」作「公」，下同。

朱氏《集釋》曰：胡氏《考異》謂：「此注決非善舊，不知何時竄入。」當是也。

【疏證】

奎本、明州本、尤本、建本衍。贛本不衍。謹案：若就誤本言，毛本等誤從尤本，陳校蓋從贛本耳。前胡考「此二十一字決非善注」甚辨，固高陳一頭地。

犀象之氣

【陳校】

「氣」，「器」誤。

【集說】

余氏《音義》曰：「之氣」。《史記》「氣」作「器」。

孫氏《考異》曰：「犀象之氣」。「氣」，《史記》作「器」。按：此當從《史記》。

許氏《筆記》曰：「犀象之氣」，何改作「器」。

【疏證】

諸《文選》本悉作「器」。謹案：《藝文類聚》卷二十四、《冊府元龜》卷八百九十、《北堂書鈔》卷一百二十二「太阿」條注引皆作「器」。然「氣」與「器」通。《說文通訓定聲·履部》：「氣，叚借為器。《禮記·樂記》：『然後樂氣從之』，王氏引之曰：『即上文金石絲竹，樂之器也。』」《逸周書·月令》：「乃命大酋：秫稻必齊，麴蘗必時，湛饎必潔，水泉必香，陶氣必良，火齊必得」，「器」，亦作「氣」，並二字相通之驗。毛本作「氣」，雖為好借字，亦有文獻根據，陳、何不改，亦得。孫、許說皆未必是也。拙舊著《何校集證》亦

以作「氣」非，今則覺今是而昨非也。

上書吳王一首　鄒陽

鄒陽　注：《漢書》曰：陽奏書諫。為其事尚隱，惡不指斥言，故先引秦為喻。

【陳校】

注「惡不指斥言」。「不」字衍。

【集說】

余氏《音義》曰：「不指」。何曰：「不字，刪」。

胡氏《考異》曰：注「惡不指斥言」。何校去「不」字，陳同。是也。袁本亦衍，茶陵本〔不〕下又有「欲」字，並善入五臣耳。

梁氏《旁證》曰：何校去「不」字。陳同。各本皆衍。

【疏證】

尤本同。奎本善注作「為其事尚隱，不欲指斥言」，並出濟注：「其事尚隱，故不欲指斥言之。」明州本濟注同奎本，云「善同濟注」。贛本、建本善注作「為其事尚隱，惡不欲指斥言」，又云「濟注同」。謹案：善注「不欲」字，自奎本已有，與《漢書》作「為其事尚隱，惡指斥言」，有數字不同。《文章正宗》卷十一注引同《漢書》。明州本首省善注。贛本重引《漢書》，誤將「惡」字屬上，遂從五臣妄增「不欲」二字。建本從之，茶陵本又出建本，故胡氏斥「並善入五臣」。尤本則襲贛本又脫「欲」字耳。毛本蓋誤從尤本，陳、何校則依《漢書》等正之。

彊趙責於河間　注：應劭曰：文帝立其長子為趙王。……立弟辟彊為河間王，至子襄王無嗣，國除。

【陳校】

注「立其長子」下，脫「遂」字。又「襄王」。當作「哀王」。

【集說】

余氏《音義》曰：「子襄王」。「襄」，何改「哀」。

梁氏《旁證》曰：「襄」字當作「哀」。尤本不誤。

【疏證】

　　贛本、建本脫「遂」字同。奎本、明州本、尤本有「遂」。上諸本悉作「哀」。謹案：應劭語見《漢書》本傳注，正有「遂」字、作「哀」，《冊府元龜》卷七百十二注引同。應注又見《史記·楚元王世家》：「孝文帝即位二年，立遂弟辟疆，取趙之河間郡為河間王。（以）〔是〕為文王。立十三年卒，子哀王福立。一年卒，無子絕後，國除。」《漢書·高五王傳·趙幽王友傳》同。毛本脫「遂」，當誤從建本等，「襄」字傳寫獨譌。陳、何校當據史志、尤本等補正之。然「弟」上亦脫「遂」字，陳、何未及。

不能還厲王西也

【陳校】

　　「王」下，脫「之」字。

【疏證】

　　諸《文選》本悉有「之」字。謹案：《漢書》本傳有，《藝文類聚》卷二十四、《冊府元龜》卷七百十二同。毛本傳寫獨脫，陳校當從《漢書》、尤本等正之。

壤子王梁代　　注：晉灼曰：《方言》：梁、益之間，所愛諱其肥盛曰壤也。善曰：《方言》云：瑋其肥盛。晉書注以瑋為諱。

【陳校】

　　注「晉書」。「書」，疑「灼」。

【集說】

　　胡氏《考異》曰：注「晉書注以瑋為諱。」何校「書」改「灼」，陳同。是也，各本皆誤。

　　梁氏《旁證》曰：姜氏皋曰：「今本《方言》：『江淮之間曰泡。秦晉或曰膿。梁益之間，凡人言盛及其所愛，偉其肥䑋，謂之膿。郭注：『肥、膿，多肉也。』是諱、瑋與偉，盛與䑋，壤與膿，並異。《列子》：『三年大壤。』訓富足也；《貨殖傳》：『天下壤壤。』訓紛錯貌，是壤亦有盛義。盧氏文弨云：『諱，宋本作偉。晉灼注《漢書》以瑋為諱。考《說文》亦作諱。諱其肥盛，間於小兒猶然，似亦不為無理。迄今江淮人謂質弱力薄為膿，亦語之反也。

《說文》：「壤，柔土也。」段氏玉裁曰：『《方言》亦取柔意。今俗語謂柔曰壤。則用譁字是也。』」又「晉書注。當即是晉灼《漢書》注。蓋傳寫脫譌。」

朱氏《集釋》曰：案：今《方言》「壤」作「膿」，云：「盛也。秦晉或曰膿。凡人言盛及其所愛，偉其肥䐜，謂之膿。」注中「譁」乃「偉」之誤也。《說文》「孃」字：「一曰肥大也」，與《肉部》「膿」字音義皆同，故郭注《方言》云：「肥膿多肉」。此處作「壤」，蓋「孃」、「膿」字之假借。

胡氏《箋證》曰：盧氏文弨云：「譁，宋本作偉。晉灼注《漢書》以瑋為譁。……《說文》：壤，柔土也。」段氏玉裁曰：「《方言》亦取柔意，今俗語謂柔曰壤。則用譁字是也」。

許氏《筆記》曰：「壤子」。《說文》：「益州鄙言，人盛譁其肥，謂之膿。」嘉德案：《說文》作「膿」。《方言》作「壤」，假「壤」為「膿」也。李注譁為瑋，是李所據《方言》作「瑋」也。「瑋」同「偉」，奇也，驚羨之意也。以李為是。

【疏證】

奎本以下諸六臣合注本、尤本悉譌作「書」。謹案：毛本蓋誤從尤本等，陳校疑之是也。本注分二層，上層善引《漢書》晉灼注，以釋正文「壤」字。有《漢書·鄒陽傳》可證。下層「善曰」云云，蓋承上層「晉灼曰」云云而來，係善校晉灼注引《方言》與舊本有異文。並非晉灼別有注《方言》。《隋書·經籍志一》，惟見「《方言》十三卷」注：「漢揚雄撰，郭璞注」云云可證，故後賢如段玉裁、前胡皆以「晉書注」，「當即是晉灼《漢書》注」無異辭。兩層注值得考校的是關於「瑋」、「譁」及作「善曰」之是非。關於「瑋」、「譁」，李善羅列異文：《方言》「瑋其肥盛」，晉灼作「譁」。論而不斷。而按今本《漢書》晉灼注又作「謂」，曰「揚雄《方言》：梁、益之間，所愛謂其肥盛曰壤」。同時載宋祁考校曰：「注文，江浙本謂作譁，於理最切。言謂者，漫而無統。」其駁作「謂」之非，有一定版本依據，然作「譁」仍非，竊以作「瑋」為是。根據是：一，李善當日所見本《方言》作「瑋」。二，今本《方言》作「凡人言盛及其所愛，偉其肥䐜，謂之膿。作「偉」，四庫館臣有考，言之確鑿可信從。館臣案曰：「《漢書·賈鄒枚路傳》：『壤子王梁代，益目淮陽』，晉灼曰：『揚雄《方言》：梁益之間，所愛譁其肥盛，曰壤。』李善注《文選》云：『《方言》云：瑋其肥盛。晉灼注以瑋為譁。』《說文》：『益州鄙言：人盛譁其肥，謂之膿。《玉篇》引《方言》：『膿，肥也。』今

《方言》各本作：凡人言盛及其所愛曰諱，其肥娍，謂之朧。明正德已巳影宋曹毅之刻本作曰偉，皆衍曰字，據《說文》及《漢書》注、《文選》注刪。諱，即偉之訛，偉瑋、娍盛、朧壤，古通用。」館臣引證豐富，所斷：偉與瑋古通用、諱，即偉之訛，與《說文》段注吻合。《說文‧肉部》「朧」云：「益州鄙言人盛諱其肥，謂之朧」，段注云：「按李所據《方言》作瑋，許書諱亦當作瑋。瑋同偉，奇也。驚羨之意也。朧，假借作壤。」段注與上《旁證》所引段說，有前後變化，當以注《說文》者為準。盧氏說亦非。關於「善曰」，奎本、明州本、尤本同毛本，贛本、建本作「又曰」。胡氏《考異》云：「袁本『善曰』二字作『又』，茶陵本作『又曰』。案：此袁是也。」前胡說，非。審鄒陽本篇與下篇，善注皆援《漢書》諸家注為釋，是謂舊注，晉灼即其中之一。按善注引舊注之例，若兼引舊注與善注，則先舊注，後善注，以「善曰」為界欄。若單引舊注，則直接冠舊注者姓氏；獨有善注，為別於舊注，亦得冠「善曰」。故若擅改此處「善曰」，無論如贛、建二本為「又曰」，抑或如袁本為「又」，皆將混淆舊注與善注，謅其注者主名，大失善注之真焉。本條於「瑋」、「諱」及作「善曰」之是非問題，之所以不顧枝蔓之嫌，略作展開，非為好辯，實因事與「書」、「灼」之辨不無關係，又涉善注體例，不得不爾。

高皇帝燒棧道　注：高祖涉所燒之棧道也。

【陳校】

　　注「高祖涉所燒之棧道」。「涉」、「燒」二字，當乙。

【集說】

　　胡氏《考異》曰：注「高祖涉所燒之棧道也。」袁本、茶陵本「涉」、「燒」二字互易，是也。

　　梁氏《旁證》曰：六臣本「涉」、「燒」二字，互乙。

　　姚氏《筆記》曰：按：注「涉所燒」，當作「燒所涉」。

【疏證】

　　奎本、明州本、尤本、建本倒同。贛本獨作「燒」、「涉」。謹案：毛本誤從尤本等，陳校當參贛本、注引《史記》與五臣濟注等正之。此亦前胡以袁、茶二本說事，漏鈔陳校之例。

陸擊則項王以失其地　　注：如淳曰：荊，亦楚，謂項王敗走也。

【陳校】

「陸擊則項王」。「項」，當從《漢書》作「荊」。

【集說】

胡氏《箋證》曰：如氏注明言「荊，亦楚。」是正文本作「荊王」，六臣本不誤。《漢書》亦作「荊」。

許氏《筆記》曰：「項王」，依注作「荊王」。

【疏證】

諸《文選》本咸作「荊」。謹案：《漢書》本傳作「荊」，《太平御覽》卷五十六、《冊府元龜》卷七百十二引《漢書》同。據善引如淳注，可推文當作「荊」。後胡說是也。毛本獨傳寫誤，陳校當從注文、《漢書》、尤本等正之。

獄中上書自明一首　　鄒陽

而後楚王胡亥之德　　善曰：以計其謬，故令後之。

【陳校】

「胡亥之德」。「德」，「聽」誤。又注中「計其」二字，當乙。

【疏證】

諸《文選》本咸作「聽」。奎本以下諸六臣合注本、尤本注悉作「其計」。謹案：《漢書》作「聽」，《史記》本傳同。毛本獨因形近誤「德」、傳寫復譌倒「其計」，陳校當從史志、尤本等正之。

白圭戰亡六城　　注：張晏曰：白圭為中山將，亡六城，殆欲誅之。

【陳校】

注「殆欲誅之。」「殆」當作「君」。

【集說】

胡氏《考異》曰：注「殆欲誅之。」何校「殆」改「君」，陳同。是也，各本皆誤。《漢書》顏注、《史記》集解引皆作「君」。

梁氏《旁證》曰：何校「殆」改「君」。陳同。各本皆誤。

【疏證】

　　奎本、贛本、尤本、建本作「殆」。明州本「同濟注」作「君」。謹案：毛本當誤從尤本等。陳、何校據《史》、《漢》注改，是。

惡之於魏文侯，投以夜光之璧

【陳校】

　　［「魏文侯」］下，當重「文侯」二字。

【集說】

　　孫氏《考異》曰：「白圭顯於中山，中山人惡之於魏文侯，投之夜光之璧。」善本無下「中山」二字，而複「文侯」二字。與上文一例。各本俱誤。

　　顧評校孫氏《文選考異》曰：家中既少《文選》，何必作《考異》？王氏《蛾術軒篋存善本書錄・甲辰稿》卷四，第 1411 頁。

　　梁氏《旁證》曰：六臣本校云：善有二「文侯」。《史記》、《漢書》並重。

【疏證】

　　尤本重「文侯」。五臣正德本無重。陳本則重。奎本、明州本無重，校云：「善本有二文侯字。」贛本有，校云：「五臣無［重］文侯字。」建本有，校云：五臣少一「文侯」字。謹案：梁校是，《史》、《漢》本傳，《藝文類聚》卷五十八引《世語》、《太平御覽》卷四百七十五引《史記》，外如《新序》卷三並重「文侯」二字。毛本以五臣亂善，陳校當從史志、類書、尤本等正之。孫說亦有理。上文謂「蘇秦相燕，人惡之於燕王；燕王按劍而怒，食以駃騠。」句式正同。顧評未收入前胡《考異》。

昔者司馬喜臏腳於宋，卒相中山　善曰：《戰國策》曰：司馬喜三相山中。郭璞《三蒼解詁》曰：臏，漆蓋也。

【陳校】

　　注「三相山中」。「山中」二字，當乙。又「漆蓋」，當作「膝蓋」。

【疏證】

　　奎本以下諸六臣合注本、尤本悉作「中山」、「膝蓋」。謹案：事見《戰國策・中山策》，正作「中山」。陳校據正文及《戰國策》乙正，是也。本書《西征賦》「狙潛鉊以脫臏」注引郭氏《解詁》，正作「膝蓋」。然毛本獨作「漆」，

未必誤。《急就篇》卷三：「股腳膝臏脛為柱」王應麟補注：「黃氏曰：臏，膝蓋骨。膝，一作郤」。檢《說文・水部》：「漆，從水、桼聲。」《邑部》：「郤，齊地也。从邑、桼聲。親吉切。」桂馥《說文義證》：「齊地也者，通作漆。」《說文・卪部》：「䣾，脛頭卪也。从卪、桼聲。臣鉉等曰：今俗作膝，非是。息七切。」段注：「䣾，俗作膝。」蓋膝、漆、郤、䣾四字，並由「桼」得聲，故得通用。上諸家說已是明證。復據桂說「漆」與「郤」通、黃氏說「郤」一作「膝」，即可推「漆」與「膝」通，故「漆」字，毛本確乎非譌，陳校不得據本書內證擅改焉。

范雎摺脅折齒於魏　注：善曰：《史記》曰：齊襄王賜范雎金千金及牛酒。

【陳校】

注「千金及牛酒」。「千金」，當作「十斤」。

【疏證】

奎本以下諸六臣合注本、尤本悉作「十斤」。謹案：事見《史記・范雎傳》，正作「十斤」，《太平御覽》卷一百八十六引同。毛本獨誤，未知所據。陳校當從《史記》、尤本等正之。

徐衍負石入海　注：《漢書音義》曰：徐衍，周之末人也。

【陳校】

注「周之末人」。「末」下，脫「世」字。

【集說】

胡氏《考異》曰：注「周之末人也。」何校「末」下添「世」字，陳同。是也，各本皆脫。《漢書》顏注引服虔、《史記》集解引《列士傳》正有，可借為證。

梁氏《旁證》曰：何校「末」下添「世」字，陳同。各本皆脫。胡公《考異》曰云云。

【疏證】

奎本以下諸六臣合注本、尤本脫同。謹案：觀上文「申徒狄蹈雍之河」注引服虔曰：「殷之末世人也」云云，亦可借證當有「世」字。毛本誤從尤本

等，陳、何當據《史》、《漢》注改，是也。古人避諱有省字法，竊疑：此避唐諱而省去「世」字耳。《漢書》，見《鄒陽傳》。

故百里奚乞食於路……甯戚飯牛　注：鄒子說梁王曰：百里奚乞食於路而穆公委之以政。

【陳校】

注「鄒子」上，疑當有「《說苑》曰」三字。以上條注參證，義自明矣。鄒子，即鄒衍。過梁，梁王郊迎。見《史記》。

【疏證】

奎本以下諸六臣合注本、尤本悉有「《說苑》曰」三字。謹案：《太平御覽》卷四百七十四引同，正冠有「《說苑》曰」三字，本書王子淵《四子講德論》「齊桓有管鮑隰甯」注引亦有「《說苑》曰」三字，並可為證。毛本偶奪，陳校當從本書內證、尤本等補之，不必疑也。按善注此篇例，「《說苑》曰」上，尚當有「善曰」二字，說已見上篇。奎本以下諸六臣合注本正有。此亦陳校、前胡所疏。

宋信子冉之計囚墨翟　注：文子曰：子罕也。冉，音任。善曰：未詳。

【陳校】

注「文子」，當作「文穎」。又「善曰：未詳」。「曰」下，脫「子冉」二字。

【集說】

余氏《音義》曰：「文穎曰子」。「穎」，何改「子」。

胡氏《考異》曰：注「文子曰」。何校「子」改「穎」，陳同。是也，各本皆誤。案：《漢書》顏注、《史記》索隱俱引之。袁、茶陵二本移「善曰」在此上，非。尤校改正之矣。

梁氏《旁證》曰：何校「文子」改「文穎」，陳同。各本皆誤。《史記》作「宋信子冉之計囚墨翟。」按《呂氏春秋》注言「春秋子罕殺宋昭公。」子罕賢臣，安有此事？而《韓非子》、《韓詩外傳》、《淮南子》、《說苑》諸書並云：「子罕逐君擅政。」蓋子罕之後，以字為氏，或世為司城，如鄭罕氏之世掌國政，故戰國時，亦有子罕，得與墨翟相涉耳。

姚氏《筆記》曰：注「文子曰：子罕也。」「文子」之「子」，改「穎」。「曰」下脫「子冉」二字。

朱氏《集釋》曰：案：「子冉」，《史記》作「子罕」。《索隱》曰：「《左氏》：『司城子罕，姓樂名喜。乃宋之賢臣也。』《漢書》作『子冉。』不知子冉是何人。」余謂：文穎云：「子冉、子罕，是一人。冉、罕音相近。」但子罕，見《左傳·襄六年》及《九年》，而墨翟，見《戰國·齊策》，時世不相及。疑子冉別是一人矣。又案：《困學紀聞》引《韓非》曰：「宋君失刑，而子罕用之，故宋君見劫」，且屢與田常並言。《史記·李斯傳》略同，亦見《韓詩外傳》及《說苑》，其非樂喜無疑。梁氏玉繩謂：「戰國時，宋亦有昭公，其時亦有子罕逐君擅政，如諸書所說耳。」然則，囚墨翟者，或即此與？附案：梁氏又引《左通》曰：「《韓子·內儲說》言：『皇喜殺宋君而奪其政』，蓋皇喜亦字子罕，遂誤以為樂喜。」然皇喜無考。

【疏證】

奎本以下諸六臣合注本、尤本誤同。謹案：本條《史記》作「子罕」。《漢書》作「子冉」，《文選》從《漢書》。《漢書》注既作：「文穎曰：子冉，子罕也」，則「文子」，固當作「文穎」。「曰」下，自當有「子冉」二字，否則，失所注對象矣。亦不得以下文有「冉音任」音注為說。毛本誤奪皆從尤本等，陳校皆是。「善曰」二字，奎本以下諸六臣合注本悉在「文子」上，誤也，蓋「文子曰：［子冉］子罕也」云云，係用《漢書》舊注，「冉，音任。未詳」，是為善注，故依善注例，「善曰」，當置「冉音」上，方妥。尤本獨置「未詳」上，仍為未得。前胡誤同。此條前胡《考異》與《音義》歧出。係余氏錄誤，不煩證矣。

齊用越人子臧，而彊威宣　注：《史記》曰：齊威王卒，子宣王辟強立。

【陳校】

注「辟強」。「強」，「彊」誤。

【集說】

胡氏《考異》曰：注「子宣王辟強立。」茶陵本「強」作「彊」。袁本與此同。何校改「彊」，陳同。是也。

【疏證】

　　尤本同。奎本以下諸六臣合注本作「彊」。謹案：語見《史記·田敬仲完世家》，字作「彊」，《資治通鑑》卷二同。《冊府元龜》卷二百三十七則作「彊」。「彊」與「彊」同。強之籀文从蚰，从彊，故「強」可為「彊」之借字。如《漢書·外戚傳》：「留侯子張辟彊」、賈誼《新書》所載楚有薳啟彊。讀辟音如珪璧之璧、彊為彊禦之彊。其義為能弭辟彊禦，猶言辟惡邪、辟兵之類，是也。非必讀辟音為「開闢」之「闢」、彊（強）音為「疆場」之「疆」也。見顏師古《匡謬正俗》卷五故陳、何校改之，亦未必是也。

披心腹，見情素　注：《戰國策》曰：蔡澤說應侯曰：公孫鞅事孝王，竭知謀，示情素。

【陳校】

　　注「孝王」。「王」，「公」誤。

【集說】

　　胡氏《考異》曰：注「公孫鞅事孝王。」陳曰云云。是也，各本皆誤。

　　梁氏《旁證》曰：陳校「王」，「公」。各本皆誤。

【疏證】

　　奎本以下諸六臣合注本、尤本誤同。謹案：語見《戰國策·秦策三》，正作「公」字。《史記·蔡澤列傳》、《通志·蔡澤傳》、《冊府元龜》卷八百九十、《文章正宗》卷六並同。本書王子淵《聖主得賢臣頌》「敢不略陳愚心而抒情素」注引亦作「公」。毛本當誤從尤本等，陳校當從《戰國策》、本書內證等正之。

要離燔妻子，豈足為大王道哉　善曰：《呂氏春秋》曰：要離曰：王誠助臣，請必能。

【陳校】

　　注「王誠助臣。」「助」，「族」誤。

【集說】

　　余氏《音義》曰：「助臣」。「助」，何改「族」。

【疏證】

　　奎本、明州本、尤本、建本同。贛本獨作「族」。謹案：今本《呂氏春秋·

忠廉》，字作「助」，《冊府元龜》卷七百六十四同。毛本當從尤本、今本《呂氏春秋》等。然按上文既有「要離燔妻子」語，則似贛本亦得。陳、何校其從贛本歟？至少可備異文。

上書諫獵一首　司馬長卿

其為害也不亦難矣

【陳校】

　　「不亦難矣」。「亦」字，衍。《漢書》本無。

【集說】

　　孫氏《考異》曰：潘校刪「亦」字。志祖按：宋祁校《漢書》云：「越本作『不亦難矣。』劉敞曰：『亦字不當刊。』」

　　梁氏《旁證》曰：《漢書》無「亦」字。劉敞曰：「亦字不當刊。」

　　許氏《筆記》曰：「不亦難矣」。顧寧人云：「亦字，衍。《漢書》無亦字。」從《漢書》。

　　黃氏《平點》曰：「不亦難矣」句，猶言「不亦難乎」。

【疏證】

　　諸《文選》本咸有此「亦」字。謹案：《史記》本傳、《初學記》卷二十二「漢司馬相如諫獵書」注、《冊府元龜》卷五百三十五並有「亦」字。本篇蕭、李蓋取《史記》。《漢書》本傳則作：「不難矣」，《資治通鑑·漢紀九·世宗孝武皇帝》、《文章正宗》卷八同。有「亦」無「亦」之是非，聚訟已久。自劉敞、宋祁至孫、梁諸家主有，蓋從《史記》。自顧寧人、潘、陳、許氏主無，則從《漢書》。今余斷曰：《史》、《漢》並是。王引之《釋詞》卷三曰：「凡言不亦者，皆以亦為語助。不亦說乎，不說乎也；不亦樂乎，不樂乎也。不亦君子乎，不君子乎也。趙歧注《孟子·滕文公篇》曰：『不亦者，亦也。』失之。」王氏言之甚明。宋祁校《漢書》，引《漢書》版有作「不亦」異文，已是《史記》不誤之證矣。究其實，《漢書》、《史記》義無二致。《文選》從《史記》，不誤。陳校引《漢書》備異文，可；從顧、潘以「亦」為衍字而刪之，則大謬不然者也。今坊本《漢書》「不」下，特補「亦」字，固亦不必也。

夫輕萬乘之重不以為安，而樂出萬有一危之塗以為娛。臣竊為陛下不取。

【陳校】

「不以為安，而樂出萬有一危之塗」。「而」字衍、「樂」字屬上讀。《漢書》本無。

【集說】

梁氏《旁證》曰：《漢書》無「而」字。《史記》「出」下有「於」字。

【疏證】

諸《文選》本咸同。謹案：《史記》本傳、《藝文類聚》卷二十四、《海錄碎事》卷十二引亦有「而」字。《漢書》本傳則作：「夫輕萬乘之重不以為安，樂出萬有一危之塗以為娛。」《初學記》卷二十二「漢司馬相如諫獵書」注引同《漢書》。陳校非是。審上下文義，蓋「為陛下不取」者，當是違垂堂之戒，輕萬乘之重而樂危塗之獵耳。竊以為：上句中心詞在一「輕」字，其餘皆其賓語；下句則為「樂」字，其餘為其賓語。兩句大致對偶。本條之誤，不在有無「而」字，而在上句「安」上脫一「不」字。《史記》首脫，《漢書》不能補，卻刪「而」字耳。上句為「夫輕萬乘之重不以為不安」，下句為「而樂出萬有一危之塗以為娛」。坊本《史記》「樂」字上屬、「樂」下斷句，誤矣。合上條，《漢書》較《史記》「不」下無「亦」字、「樂」上無「安」、「出」下無「於」字，大略可見班、馬文風之異趣焉。

遠見於未明　善曰：《太公金匱》曰：明者見兆於未萌，智者避危於無形。

【陳校】

「遠見於未明」。「明」，「萌」誤。

【疏證】

諸《文選》本咸作「萌」。謹案：《史》、《漢》本傳、《藝文類聚》卷二十四、《冊府元龜》卷五百三十五、《初學記》卷二十二「漢司馬相如諫獵書」注並作「萌」。陳校則從史志、本書內證、尤本等。然「明」，與「萌」通。清·高炳麟《說文字通》：「明，通萌。」《前漢·地理志上》：「廣漢郡：葭明」注：「師古曰：『明，音萌。』」《史記·張儀列傳》「苴蜀相攻擊」注引《括地志》

作「葭萌」。《文心雕龍·明詩》:「離合之發,則明於圖讖。」《唐寫》本作「萌」,皆是其證。此亦毛本好用古字之例,非誤也。

上書諫吳王一首　枚叔

枚叔　善曰:《漢書》曰:枚乘,字叔。淮陽人。

【陳校】

　　注「淮陽」。「陽」,「陰」誤。

【疏證】

　　奎本以下諸六臣合注本誤同。尤本作「陰」。謹案:語見《漢書》、《通志·枚乘傳》,正作「陰」,《蒙求集注·枚乘蒲輪》、《冊府元龜》卷八百五、卷八百三十七並同。本書《七發》「枚叔」注作「陰」,不誤。毛本誤從建本等,陳校當從《漢書》、本書內證、尤本等正之。

其出不出　注:蘇林曰:臣改計取福,正在今日。

【陳校】

　　注「臣改計取福。」「臣」字,衍。

【集說】

　　余氏《音義》曰:「臣改計」。「臣」字,何刪。

　　胡氏《考異》曰:注「臣改計取福。」何校去「臣」字,陳同。是也,各本皆衍。案:《漢書》顏注引,無。

　　梁氏《旁證》同胡氏《考異》。

【疏證】

　　奎本以下諸六臣合注本悉衍。尤本無「臣」。謹案:《冊府元龜》卷七百十二同《漢書》本傳顏注。毛本誤從建本等,陳、何校當從《漢書》、尤本等正之。

走上天之難　注:顏師古曰:走,趣也。元為奏。

【陳校】

　　注「元為奏」。「元」,「音」誤。

【疏證】

尤本作「走音奏」，餘同。奎本以下諸六臣合注本惟有「顏監曰：走，趣也」六字。謹案：「走，音奏」三字，蓋善自注「走」音，其餘諸《文選》本皆脫。毛本從尤本而傳寫有誤，尤本「顏師古」當作「顏監」，蓋「顏監」，係善援顏注習慣用語。陳校亦猶未得。胡氏《考異》曰：注「顏師古曰。」袁本、茶陵本「師古」作「監」。是也。前胡得之。

不知絕薪止火

【陳校】

「知」，「如」誤。

【集說】

孫氏《考異》曰：何校「知」改「如」。《說苑·正諫篇》作「如」。

許氏《筆記》曰：「不知絕薪止火」句。「不知」，何改「不如」。

【疏證】

諸《文選》本悉作「如」。謹案：《漢書》本傳作「如」，《太平御覽》卷四百五十五引《說苑》同。《後漢書·董卓傳》「揚湯止沸，莫若去薪」注引「前漢枚乘上書」亦作「如」。此毛本獨因形近而譌，陳、何當從《漢書》、《說苑》、尤本等正之。

殫極之統斷幹　　注：晉灼曰：統，古縆字。殫，盡也。極之縆幹。

【陳校】

注「極之縆幹」，當作「盡極之縆斷幹」。

【集說】

胡氏《考異》曰：注「極之縆幹。」何校「極」上添「盡」字，「幹」上添「斷」字，陳同。案：《漢書》顏注引，有。

梁氏《旁證》曰：《漢書》「殫」作「單」。孟康曰：「西方人名屋樑為極。單，一也。一梁，謂井鹿盧也。言鹿盧為縆索久，鍥斷井幹也。」五臣「統」作「縆」，翰注可證。何校注中「極」上添「盡」字，「幹」上添「斷」字。陳同。皆據《漢書》注也。

朱氏《集釋》曰：案：「殫」，《漢書》作「單」。注引孟康曰：「西方人名

屋梁為極。單，一也。一梁，謂井鹿盧也。言鹿盧為綆索久，鍥斷井幹也。」師古從晉說，謂「孟康失其義。」余謂：孟云「鹿盧」未晰，而釋「極單」，是也。蓋幹者，交木井上以為欄，上必有梁以轉索，一梁上之索，鹿盧久轉，可以斷幹。若云「盡極之綆」，殊費解。晉又以「絼」為「古綆字」，亦非。《說文》：「綆，汲井綆也。」《漢書》作「綆」，从更、从亢，音相近，字當以《說文》為正。綆為俗字，「絼」乃「綆」之譌耳。

　　許氏《筆記》曰：「殫極」。《漢書》作「單極」。

【疏證】

　　明州本、贛本、尤本、建本同。奎本作「極綆斷幹」。尤本蓋誤從明、贛二本。五臣正德本及陳本、三條藏日鈔五臣注殘卷作「殫極之綆斷幹」。謹案：本條，李善注本同《漢書》顏注，皆取晉灼注「盡極之綆斷幹」云。陳、何校從《漢書》補，是也。《旁證》論及正文《漢書》「殫」作「單」，王先謙因謂：「《文選》加歹為殫，不可從。」其實，「單」有盡義，與「殫」通。《說文通訓定聲・乾部》：「單，叚借為殫。」《尚書・洛誥》：「考朕昭子刑，乃單文祖德」孔《傳》：「我所成明子法，乃盡文祖之德。」《史記・春申君列傳》「王之威亦單矣。」《索隱》：「單，盡也。言王之威盡行也。」並其驗。《漢書》作「單」，《文選》自作「殫」，無妨並存。比較梁、朱二家，可知梁引孟康，實出朱氏，而非相反，蓋《旁證》雖亦兼引孟、晉（顏取晉說，而何、陳校實從顏注可證）二說，而祇是羅列《漢書》顏注所引而已，而未能深入如朱，此蓋當初朱補《旁證》而又自留地步者也。朱說申孟，亦審。參拙著《何校集證》。

夫十圍之木……手可擢而抓　　注：《莊子》曰：橡樟初生，可抓而絕。

【陳校】

　　注「橡樟」。「橡」，「豫」誤。

【集說】

　　余氏《音義》曰：「橡樟」。「樟」，何改「豫」。

　　胡氏《考異》曰：注「橡樟初生。」何校「橡」改「豫」，陳同。是也，各本皆誤。

　　梁氏《旁證》同胡氏《考異》。

【疏證】

奎本以下諸六臣合注本、尤本誤同。謹案：《莊子·山木》有「王獨不見夫騰猿乎，其得柟梓豫章也」云云。復檢《困學紀聞·莊子逸篇》作「豫樟」。明·周祈《名義考·梗梓豫章》：「古人稱美材，曰梗梓豫章，然四木鮮有辨之者。……《正義》云：『豫，今枕木，章，今樟木。』服虔曰：『豫、章生七年乃可知，以枕、樟初生相似也。』」毛本當誤從尤本等，「梗梓豫章」，多見於古文獻，陳、何校當據《困學紀聞》等正之。

上書重諫吳王一首　枚叔

腐肉之齒利劍鋒接必無事矣

【陳校】

「劍」字斷句。「鋒」，指吳兵。

【疏證】

諸《文選》本咸同。謹案：《漢書》本傳、《藝文類聚》卷二十四同（後者脫「事」字）。檢文獻，本條斷句有三類：一，「鋒」下斷句。如：《太平御覽》卷四百五十一引作：「腐肉之齒利劍鋒也」。二，「劍」下斷句。如：《白孔六帖》卷十三：「腐肉之齒利劍」。《記纂淵海》卷五十一、卷五十六並「劍」下斷句。三，增字斷句。如：荀悅《前漢紀》卷九則作：「腐肉之齒利劍，鋒刃始接則無事矣」，宋·王益之《西漢年紀》卷九，同。增字斷句不足取，今觀上文作：「譬猶蠅蚋之附羣牛」，則「劍」下斷句為偶，況本書陸士衡《豪士賦序》「文子懷忠敬而齒劍」注引亦至「劍」下斷句，故當從陳校。前胡不錄，豈緣屬句讀之校歟？

不如朝夕之池　注：蘇林曰：以海水朝夕為池。

【陳校】

注「蘇林曰：以海水」。「以」上，脫「吳」字。

【集說】

梁氏《旁證》曰：「以」上，脫「吳」字。《漢書》注有。

【疏證】

奎本以下諸六臣合注本、尤本悉脫。謹案：《漢書》本傳注有「吳」字，《冊府元龜》卷七百十二、《文章正宗》卷十一注引同。毛本誤從尤本等，陳校當從《漢書》正之。

遣羽林黃頭　注：蘇林曰：羽林黃頭郎，襲水戰者。

【陳校】

注「襲水戰者。」「襲」，當作「習」。

【疏證】

奎本、尤本作「習」。明州本脫善引蘇林注，濟注作：「羽林黃頭，襲水戰者也。掩其不備曰襲。都，謂吳都廣陵。」贛、建二本同。謹案：《漢書》本傳作「習」，《文章正宗》卷十一注引同。襲與「習」音同，字得通。《尚書·大禹謨》：「卜不習吉」，本書《楊仲武誄》「龜筮既襲」注云：「《尚書》曰：『乃卜三龜，一習吉。』又曰：『卜不襲吉。』孔安國曰：『襲，因也。』」又，「不習吉」作「不襲吉」，並為二字相通之驗。毛本從尤本，然作「襲」，亦不誤。陳校大可不必據《漢書》、尤本等改焉。五臣濟注「掩其不備曰襲」，乃釋正文下句「襲大王之都」之「襲」字耳，觀注下文釋「都」字，自明。

詣建平王上書一首　　江文通

下官每讀其書　注：沈約書曰：郡縣為封國者。

【陳校】

注「沈約書」。「約」下，脫「宋」字。

【集說】

胡氏《考異》曰：注「沈約書曰」。何校「書」上添「宋」字，陳同。是也，各本皆脫。

梁氏《旁證》同胡氏《考異》。

【疏證】

奎本以下諸六臣合注本、尤本悉脫。謹案：語見沈約《宋書·劉穆之傳》。本書任彥昇《出郡傳舍哭范僕射》詩題下注引「沈約《宋書》」，亦脫「宋」

字，而《蕪城賦》作者「鮑明遠」下注、《雪賦》作者「謝惠連」下等百餘處注引並不脫。毛本當誤從尤本等，陳、何蓋據史志、本書內證等補之。

下官本蓬戶桑樞之人　注：《淮南子》曰：處僻之鄉。

【陳校】

　　注「處僻」。「處」，「窮」誤。

【疏證】

　　建本誤同。奎本、明州本、贛本、尤本作「處窮僻」。謹案：語見《淮南子·原道》篇正作「處窮僻」。據《淮南子》下句「側谿谷之間」，亦當作「處窮僻」。毛本當誤從建本，陳校當作「處下脫窮字」，方得。

大王思以恩光

【陳校】

　　「思」，「惠」誤。

【集說】

　　梁氏《旁證》曰：《梁書》「惠」作「厚」。

　　胡氏《箋證》曰：「大王思以惠光。」六臣本「思」作「惠」、「惠光」作「恩光」，此誤。《梁書》作「厚以恩光」。

【疏證】

　　諸《文選》本咸作「惠」。謹案：殿本、坊本《梁書》本傳正作「惠」，《南史》本傳同。毛本獨因形近而誤，陳校當從史志、尤本等正之。梁說，可備異聞。

剖心摩踵　注：《孟子》曰：墨子兼愛，摩頂致於踵，利天下為之。劉熙曰：致，至也。

【陳校】

　　注「摩頂致於踵。」「致」字衍、「於」字，當作「放」。

【集說】

　　顧按：此不與今本同。《奏彈曹景宗》注引趙歧，亦作「致於踵」，《困學紀聞》載之。

張氏《膠言》曰：《困學紀聞》云：「《文選》注引《孟子》曰：『墨子兼愛，摩頂致於踵。』趙岐曰：『致，至也。』今本作放踵。」何氏義門云：「孫宣公作《音義》時，所見之本已作放踵。」翁太常云：「《文選》任彥昇《彈曹景宗文》注引《孟子》：『墨子兼愛，摩頂放踵。』趙岐曰：『放，至也。』正與《孟子》作『放踵』合。又江文通《上建平王書》注引《孟子》作『致於踵。』劉熙曰：『致，至也。』自注：《隋志·儒家》有劉熙《孟子注》七卷。王氏此條，若據任彥昇文注，則致至也，與原著不合；若據江文通《書》注，則注作劉熙而非趙岐，或王氏所見之本互異歟？劉孝標《廣絕交論》曰：『摩頂至踵』，李善無注。」見《膠言補遺·奏彈曹景宗》

梁氏《旁證》曰：今《孟子》作「摩頂放踵」，亦有「至」義。趙注：「放於琅牙」、「放乎四海」下，皆云「放，至也」，其注此處亦云「下至於踵」，是李氏所見本必作「致」，非因「致」與「放」偏旁相涉而誤。本書《廣絕交論》「皆願摩頂至踵」，又《洞簫賦》注引「趙歧《孟子章句》曰：『放，至也』」，皆可互證。（梁又云）：《困學紀聞》八云：「今本作（於）［放］踵。注無『致，至也』三字。」按：本書《上建平王書》注引同此，惟「趙岐」作「劉熙」。而劉孝標《廣絕交論》注引《孟子》「摩頂放踵」，與今本同，又引「趙岐曰：『放，至也。』」據此，則今本「放」字不誤。趙岐注亦應有「放，至也」三字。翟氏灝曰：「《選》注引文兼具趙、劉之注，今劉注本不傳，趙注雖經刪割，考其舊本，亦但云『摩突其頂，下至於踵』，其『放至也』三字，先見前篇《雪宮章》，而別無『致，至也』之文。《風俗通·十反篇》：『墨翟摩頂以放踵，楊朱一毛而不為。』放字與今《孟子》同。《文選·廣絕交論》注引亦作放。江《書》、任《彈》兩注同在一書，而放與致、趙與劉，又互異，何耶？疑當時劉注本獨如是，任《彈》下『趙岐』二字當亦為『劉熙』，傳寫者譌耳。」「梁又云」下，見《旁證·奏彈曹景宗》「自頂至踵」條。

【疏證】

奎本、尤本同。明州本善注脫之，翰注作「放」、「放，至」。贛本、建本作「放」。謹案：今本《孟子注疏·盡心上》作「摩頂放踵」趙岐注「摩突其頂，下至於踵」。而本書任彥昇《奏彈曹景宗》「自頂至踵」注引《孟子》及其注，惟「劉熙」作「趙岐」，其餘與本條悉同。又，劉孝標《廣絕交論》「摩頂至踵」，注引《孟子》作：「摩頂放踵，趙岐曰：『放，至也。』」江《書》、任《彈》、劉《論》三處所引《孟子》文有：「致於踵」、「放踵」之別劉《論》，奎、

明二本作「放於踵」；注則有劉熙注：「致，至也」、趙歧注則「致，至也」外，復有「放，至也」之異。校《選》家於此聚訟不休。獨以《旁證》二論，最得其實。歸納二論有下數點：李善所見《孟子》有二本：劉注者文作「致」，注作「致，至也」；趙注者作「放」，注作「放，至也」與今《孟子》同，故任《彈》「趙岐」注，當為「劉熙」注之譌。《選》注兼具趙、劉：江《書》、任《彈》用劉注，劉《論》取趙注。案：趙注《孟子》流傳至今，而劉熙注《孟子》七卷，載在《隋書·經籍注三》，不容偏廢，故「兼具趙、劉」說所以為得。準此以觀陳校祗以文與劉熙注並當作「放」，無視本書內證，顯然魯莽草率。今《孟子》「放於琅牙」，見《梁惠王下》即《旁證》引翟灝所謂「《雪宮章》」、「放乎四海」，則見《離婁》篇。

不圖小人固陋　注：楊惲《書》曰：言固陋之愚也。

【陳校】

　　注「言固陋之愚也。」「也」，「心」誤。

【集說】

　　胡氏《考異》曰：注「言固陋之愚也。」陳曰云云。是也，各本皆誤。

　　梁氏《旁證》曰：陳校「心」，改「也」。各本皆誤。

【疏證】

　　奎本、明州本、尤本、建本誤同。贛本獨作「心」。謹案：《漢書·楊惲傳》「固」作「鄙」，作「心」。本書楊子幼《報孫會宗書》、《冊府元龜》卷九百三、卷九百二十四皆同。毛本誤當從尤本等，陳校當從《漢書》、本書內證、贛本等正之。

忽若有遺　注：李陵《答蘇武書》曰：每一念至，忽然亡生。

【陳校】

　　注「忽然亡生」。「亡」，「忘」誤。

【集說】

　　梁氏《旁證》曰：六臣本「亡」作「忘」，是也。此傳寫誤。

【疏證】

　　奎本、明州本、尤本同。贛本、建本作「忘」。謹案：李《書》載在本書，

作「忘」。《藝文類聚》卷三十、《古今合璧事類備要》續集卷四十六「李陵答書」注同。然《說文通訓定聲‧壯部》「亡，叚借為忘。」《毛詩注疏‧邶風‧綠衣》「心之憂矣，曷維其亡？」鄭箋云：「亡之言忘也。」《論衡‧語增》：「三千人為長夜之飲，亡其甲子」，皆是其證。毛本當從尤本等，陳校疏矣。

其上則隱於廉肆之間　注：《漢書》曰：君平卜筮於城都市。

【陳校】

注「城都」。「城」，「成」誤。

【疏證】

奎本、贛本、尤本、建本作「成」。明州本省作「善同翰注」，翰注作「成」。謹案：語見《漢書‧王貢兩龔鮑傳》作「成」，《太平御覽》卷七百二十五引《漢書》、《北堂書鈔》一百三十二「閉肆下簾」、《初學記》卷二十四「君平筮」引《史記》（當作《漢書》）同。本書嵇叔夜《幽憤詩》「仰慕嚴鄭」注引亦作「成」。毛本獨因音近而誤，陳校當從《漢書》、本書內證、尤本等正之。

俱啟丹冊　注：《漢書》曰：高祖論功定封，以冊書之信，重以白馬之盟。

【陳校】

注「以冊書之信。」「以」上，脫「申」字、「冊」，當作「丹」。

【集說】

胡氏《考異》曰：注「以丹書之信。」陳曰云云。是也，各本皆脫。

梁氏《旁證》曰：陳校「以」上添「申」字。各本皆脫。

【疏證】

奎本以下諸六臣合注本、尤本悉脫「申」字、作「丹」。謹案：語見《漢書‧高惠高后文功臣表》，正有「申」字。但觀下文「以」上有「重」字，亦當有一字相偶。《北堂書鈔》卷八十一「丹書之信」注、《事類賦卷六》「或以申如帶之誓」注、《九家集注杜詩‧投贈哥舒開府翰二十韻》「山河誓始終」注引並作「申」、「丹」。本書丘希範《與陳伯之書》「並刑馬作誓」引亦作「申」、「丹」，而司馬子長《報任少卿書》「僕之先人非有剖符丹書之功」注引

「申」誤作「中」。毛本脫「申」，蓋誤從尤本等，作「冊」，則獨涉五臣銑注「冊，書也」而誤。陳校當從《漢書》、本書內證等補正之。

縫侯幽獄……史遷下室　注：司馬遷《答任少卿書》曰：囚於清室。

【陳校】

　　注「清室」。「清」，「請」誤。

【疏證】

　　奎本、明州本、建本同。贛本、尤本作「請」。謹案：《漢書》、《通志》本傳、《冊府元龜》卷九百三、《文章正宗》卷十五並作「請」。本書《報任少卿書》「囚於請室」正作「請」，注引《漢書音義》：「如淳曰：『請室，請罪之室。』」然賈誼《新書》及《史記》皆作「清室」。賈誼《新書·階級》云：「聞遣訶則……造清室而請其罪爾。」《史記·袁盎傳》：「及絳侯免相之國，國人上書告以為反，徵繫清室。」裴駰集解：「《漢書》作請室。應劭曰：『請室，請罪之室，若今鍾下也。』如淳曰：『請室，獄也。』」毛本蓋從建本等，陳校當從《漢書》、本書內證等，不悟「清」與「請」並得，不必改焉。

莫不浸仁沐義　注：揚雄《羽獵賦》曰：浸仁漸義，會賢儧智。儧，音儹。

【陳校】

　　注「儧，音儹。」下「儧」，「攢」誤。

【疏證】

　　建本誤同。奎本、明州本、贛本、尤本悉作「攢」。謹案：《集韻·換韻》：「攢，徂畔切，聚也。」《廣韻·緩韻》「儹，聚也。」是「攢」與「儧」、「儹」，音義皆同。此又毛本之誤，獨同建本例。陳校當從尤本等正之。

奉答敕示七夕詩啟一首　任彥昇

親逢旦暮　注：《莊子》曰：知其解者，是旦暮之遇也。

【陳校】

　　注「旦暮之遇」。「之遇」二字，當乙。

【疏證】

建本同。尤本脫「之」字。奎本、贛本作「遇之」。明州本同奎本，然誤作向注。謹案：語見《莊子·齊物論》，正作「遇之」。本書謝靈運《初發石首城》「欽聖若旦暮」注、任彥昇《為范尚書讓吏部封侯第一表》「陛下應期萬世」注、袁彥伯《三國名臣序贊》「夫萬歲一期」注、任彥昇《齊竟陵文宣王行狀》「非直旦暮千載」注引並作「遇之」。陳校當從贛本、《莊子》、本書內證等正之。此又毛本之誤，獨同建本例。

為卞彬謝脩卞忠貞墓啟一首　任彥昇

名教同悲，隱淪惆悵　注：王隱《晉書述》曰：……名教，謂王隱；隱淪，謂翟湯。

【陳校】

注「名教，謂王隱。隱淪，謂翟湯」十字，衍。

【集說】

胡氏《考異》曰：注「名教，謂王隱；隱淪，謂翟湯。」袁本、茶陵本無此十字。

姚氏《筆記》曰：注，何滅「名教」十字。按：「名教同悲」，指尚書郎弘納之議，又本傳云：「盜發壺墓，安帝詔給錢十萬以修塋兆。」

【疏證】

尤本衍同。奎本、贛本、建本無此十字。明州本並「王隱《晉書述》」一節全無。謹案：但玩注上下文義，即可知此為衍文。毛本誤從尤本，陳校當從贛、建二本等刪之。

上蕭太傅固辭奪禮啟一首　任彥昇

昉啟：近啟歸訴。君於品庶，示均鎔造。昉往從末宦，祿不代耕。

【陳校】

「昉啟」下，呂延濟注：「昉，家集諱其名，但云『君啟』，撰者因而錄

之」。又下文「昉往從末宦」。「昉」字，六臣本注：善本作「君」。則知前「昉」字傳寫偶誤耳。兼以王僧達《祭顏光祿文》中「王君」證之，其誤益明。蓋「王君」者，亦仍王氏家集中之稱也。至「君於品庶，示均鎔造」二句，言鎔造大德，品庶均被。此「君」字自指「君上」，五臣本亦作「昉」。非。

【集說】

《讀書記》曰：「昉」，一作「君」。呂延濟曰：「昉，家集諱其名但云『君』，撰者因而錄之。」按：六朝諸集書啟多作「君啟」、「君白」之語，呂說得之。下文「君於品庶」之「君」，同。葉刻同

余氏《音義》曰：何曰：「按六朝諸集，書啟多作『君啟』、『君白』之語。呂說得之。」

孫氏《考異》曰：何曰云云。志祖按：《文選》既改書名，則下「君於品庶」，「君」字，亦當改「昉」。

胡氏《考異》曰：「昉啟」，何校「昉」改「君」，陳同。下「君於庶品」。袁本、茶陵本「君」作「昉」，校語云：善作「君」。「昉往從末宦」校語亦云：善作「君」。蓋此三字善皆作「君」，五臣改其下二字為「昉」，唯存第一字為「君」，故濟注有「昉家集諱其名但云君」云云。而二本於此獨無校語也，後乃並改成「昉」，不但失善舊，亦與五臣不相應，甚非。其「君於品庶」已校正，此及後仍沿各本之誤。

張氏《膠言》：「昉啟」，五臣本作「君啟」。呂延濟曰云云。何氏《讀書記》云云。雲璈按：果爾，則「昉往從末宦」之「昉」字，亦當改「君」矣。家集諱名，已失古人『臨文』之義，況錄人之文，而亦從其諱，更屬無謂。似宜悉改「君」作「昉」，為是。「君於品庶」之「君」，乃改之未盡者。胡中丞以改「昉」為非，以其失善舊耳。殊泥。

梁氏《旁證》曰：濟注云云。何曰云云。按：據此則「昉」當作「君」，李應與五臣同。下「君於品庶」，六臣本校云：善作君「字」。是。又「昉往從末宦」，校語同。「昉」字亦應改作「君」。其六臣本三字並作「昉」者，皆誤耳。孫氏志祖曰：「《文選》概改書『昉』者，非。」

姚氏《筆記》曰：何云：「昉啟，五臣作『君啟』。呂延濟云云。呂說得之。」樹按：《讀書記》有「下文『君與品庶』之『君』同」九字。

黃氏《平點》曰：何焯據下文及別本校語改「昉」為「君」。又《文苑英華·辨證》十稱「昉字，善本作君。」又「君於品庶」二句，此「君」，別本

作「昉」，蓋其家集諱之也。又，「昉往從末宦」，據別本校語「昉」改「君」。

【疏證】

　　本條是非涉及「昉啟」、「君於庶品」、「昉往從末宦」三處。尤本作「昉」、「君」、「昉」。毛本從尤本。五臣正德本及陳本、奎本以下諸六臣合注本三處並作「昉」。謹案：李善本從昉家集，理合避諱，三處並作「君」。前胡說、陳、何校、《旁證》、《平點》皆是。陳、何校同中有異，在居中之「君於品庶」句，何以為指「昉」，陳則以為指「君王」，蓋並下句，乃「言鎔造大德，品庶均被，此『君』字自指『君上』」云。其說可備參考。前胡論五臣本三處，依次作「君」、「昉」、「昉」。留第一字作「君」，以應濟注；又謂六臣合注本（袁、茶）並改首「君啟」字作「昉」，「不但失善舊，亦與五臣不相應，甚非」，論尤本「君於庶品」作「君」，為已校正，首與末作「昉」，仍沿六臣合注各本之誤，皆是也。張雲璈不欲求善與五臣本真相，概以不諱簡單化處理，反責前胡拘泥，不免刻意求異之譏耳。

文選卷四十

奏彈曹景宗一首　任彥昇

逗橈有刑　注:《漢書》曰:廷尉王恢逗橈,當斬。

【陳校】

　　注「廷尉」下,脫「當」字。

【集說】

　　胡氏《考異》曰:注「廷尉王恢逗橈。」陳曰云云。是也,各本皆脫。

　　梁氏《旁證》曰:注「廷尉王恢逗橈」,「王」,當作「當」。此在《韓安國傳》。

【疏證】

　　奎本、贛本、尤本、建本悉脫,明州本刪善注留銑注,脫同。謹案:語見《漢書·韓安國傳》,正有「當」字,《史記·韓長孺列傳》同。奎本當因涉下而脫,明州本等踵其誤。毛本誤從尤本等,陳校當從史志補之。「王」字,今《史》、《漢》皆無,梁說改「王」作「當」,亦是。

身死家戮　注:《呂氏春秋》曰:民有逆天之道者,死罪家戮也。

【陳校】

　　注「死罪」二字,當乙。

【集說】

奎本以下諸六臣合注本、尤本悉作「罪死」。謹案：今本《呂氏春秋·懷寵》「民有逆天之道，衛人之讎者，身死家戮不救」，高誘注亦作「身死家戮」。豈李善所見本不同？毛本蓋獨誤倒，陳校當從上下文義、尤本等正之。

王師薄伐　注：《毛詩》曰：於鑠王師。有曰：日大嚴狁。

【陳校】

注「有曰：日大」。「有」，「又」誤、「日大」，當作「薄伐」。

【疏證】

《集注》本、奎本以下諸六臣合注本、尤本悉作「又」、「薄伐」。謹案：「於鑠王師」，見《毛詩注疏·周頌·酌》；「薄伐獫狁」，見《毛詩注疏·小雅·六月》。本書史孝山《出師頌》有「薄伐獫狁」句。「日大」，蓋毛本傳寫之誤，陳校當從《毛詩》、本書內證等正之。「有」，「又」之借字，《說文通訓定聲·頤部》：「有，叚借為又。」《毛詩注疏·邶風終風》「終風且曀，不日有曀」，鄭箋：「有，又也。」並是其證。「獫狁」，亦作「儼狁」、「獫狁」、「嚴狁」。毛本作「嚴」，一如「又」作「有」，皆好用假字之例。陳亦不必改焉。

率勵義勇……全城守死　注：潘安仁《汧馬督誄》曰：率勵有方。

【陳校】

注「汧馬」二字，當乙。

【集說】

梁氏《旁證》曰：「汧馬」二字，當乙。各本皆誤。後《奏王源》注同。

【疏證】

《集注》本、奎本以下諸六臣合注本、尤本悉倒。謹案：潘氏《馬汧督誄》載在本書。本篇下文「全城守死」注、「聖朝乃顧」注引並倒。下《奏彈王源》「雜聞之前典」句注，亦倒。毛本誤從尤本等，陳校當從本書內證正之。本條略可窺《集注》本與今存奎、尤諸本等刻本有某種傳承關係。

豈直受降可築 注：漢武帝遣因杅將軍公孫敖築受降城。

【陳校】

　　注「漢武」。「漢」下，似脫「書」字。

【疏證】

　　贛本、建本脫同。《集注》本、奎本、尤本有「書曰」二字。明州本擅刪善此十數字注。謹案：事見《漢書・武帝紀》，循例當作「《漢書》曰」。毛本誤從贛、建二本，陳校仍脫一「曰」字，未得一間，蓋亦未悟善注引書用「曰」字之例，且偶未及檢尤本焉。

遂令孤城窮 注：謝承《後漢書》：胡爽曰：狄恭以甲兵守孤城於絕域。

【陳校】

　　注「狄恭」。「狄」，「耿」誤。

【集說】

　　余氏《音義》曰：「狄」，六臣「狄」作「耿」。

【疏證】

　　《集注》本、奎本以下諸六臣合注本、尤本悉作「耿」。謹案：事亦見今本《後漢書・耿恭傳》，作：「中郎將鄭眾上疏曰：『耿恭以單兵固守孤城，當匈奴之衝，對數萬之眾』」云。《冊府元龜》卷八百八十四同，並可為旁證。毛本獨因形近而誤，陳校當從尤本等正之，或亦有今本范曄《後漢書》。

指縱非擬 注：《漢書》曰：上先封蕭何為酇侯。……土曰：諸君知獵乎？……土曰：知獵狗乎？曰：知之。上曰：夫……如蕭何，發縱指示，功人也。

【陳校】

　　注兩「土曰」，並「上曰」誤。

【集說】

　　胡氏《考異》曰：「上曰：知獵狗乎？曰知之。」袁本、茶陵本無此九字。

【疏證】

　　《集注》本兩處並作「上曰」。奎本、贛本、建本「諸君」上作「上曰」，

無「上曰：知獵狗乎？曰知之」九字。明州本省作「善同向注」。尤本「諸君」上作「上曰」，有「上曰：知獵」九字。謹案：語見《漢書·蕭何傳》，兩處正並作「上曰」。《史記·蕭相國世家》則皆作「高帝曰」，亦可為借證。毛本獨因形近而誤，陳校當從《漢書》正之。

負檐裁弛　注：《左傳》曰：齊侯使敬仲為卿，辭曰：弛於負擔，君之惠也。

【陳校】

　　「負檐裁弛。」「檐」，「擔」誤。

【集說】

　　許氏《筆記》曰：「負檐裁弛」。何改「擔」，又云：「擔，《廣韻》亦作檐。」案：《說文》「儋，何也」，《復古編》云：「儋何，別作擔荷，非檐弛也，以代儋字，則更非矣。」嘉德案：「儋何」字相承作「擔荷」，至從木之「檐」，音、義皆非，《字書》、《韻書》亦通「擔」，不可從。

【疏證】

　　《集注》本作「擔」，引善注、《音決》同。尤本作「檐」，注同。五臣正德本及陳本作「檐」，奎本、明州本、建本同，五臣、善注亦並同。三家「檐」下有注：「丁濫」。惟贛州本正文、注並改作「擔」，亦有注音。謹案：本書盧子諒《贈崔溫》「亦既弛負擔」注、應休璉《與從弟君苗君冑書》「免負擔之勤」引《左傳》並從「扌」作「擔」。「檐」，實與「擔」同。《集韻·闞韻》：「擔，都濫切。負也。或从木。」《管子·七法》：「檐竿而欲定其末」，尹知章注：「檐，舉也。」《楚辭》嚴忌《哀時命》：「負檐荷以丈尺兮，欲伸要而不可得。」王逸注：「背曰負，荷曰檐。檐，一作擔。」皆其證。陳校非是。何氏二校，先勇改，後復疑。今得此數證，夫復奚疑？嘉德說，亦非。

宜正刑書　注：《左氏傳》：仲尼曰：叔向，古之遺直。刑侯之獄，言其貪也，以正刑書。

【陳校】

　　注「刑侯」。「刑」，「邢」誤。

【疏證】

　　《集注》本、建本誤同。奎本、明州本、贛本、尤本作「邢」。謹案：語見《春秋左傳注疏・昭公十四年》，正作「邢」。建本蓋涉下文而誤，毛本誤從之。陳校當從《左傳》、尤本等正之。此亦毛本之誤獨與建本同例。

奏彈劉整一首　　任彥昇

題下注：沈約《齊紀》曰：整，宋吳興太守兄子也。

【陳校】

　　題注「吳興太守」下有脫字。

【集說】

　　胡氏《考異》曰：注「宋吳興太守兄子也。」陳曰云云。各本皆同。無以補也。

　　梁氏《旁證》曰：陳曰云云。各本皆同。

　　姚氏《筆記》曰：注「整，即宋吳興太守兄子也」。按：「兄」上疑脫「瑀」字。

【疏證】

　　奎本以下諸六臣合注本、尤本脫同。《集注》本題下無善注。謹案：按文義，「太守」下，至少當有某名。陳校或是。姚氏疑為「瑀」字，除劉瑀嘗為吳興太守外，別無見他證，亦難以信從。

閭閻闒茸　　注：《史記》弔屈原曰：闒茸尊顯，讒諛得志。

【陳校】

　　注「茸」，「茸」誤。

【集說】

　　余氏《音義》曰：「茸」，六臣作「茸」。

　　許氏《筆記》曰：「闒茸」，當作「闒茸」。嘉德案：師古曰：「闒茸，猥賤也。闒，下也。茸，細毛也。言非豪桀也。」作「闒茸」，譌。

【疏證】

《集注》本、諸《文選》本咸作「茸」。謹案:《史記》,見《賈生列傳》。《漢書》,見《司馬遷傳》。善本作「茸」,注可見,五臣亦作「茸」,向注可證。《新書·賈誼傳》、《古今事文類聚》前集卷三十一併作「茸」。闒茸,卑賤低劣,闒葺,則不辭。毛本獨因形近而誤,陳校當從《史記》、尤本等正之。

親舊側目　注:《漢書音義》曰:列侯宗室見到都,側目而視。

【陳校】

注「到都」。「到」,「郅」誤。

【集說】

胡氏《考異》曰:注「《漢書·郅都傳》:列侯宗室見都,側目而視。」袁本、茶陵本「《郅都傳》」作「《音義》曰」、「見」下有「郅」字、「而視」作「也」。案:此尤校改之也。

【疏證】

《集注》本、尤本引《漢書·郅都傳》:「列侯宗室見都,側目而視」。奎本以下諸六臣合注本則改引《漢書音義》曰:「列侯宗室見郅都,側目也。」謹案:《北堂書鈔》卷五十四「郅都法不避貴」注引《漢書》作「列侯宗室見之,側目而視。」作「之」者,蓋編者承上而省改。本書庾元規《讓中書令表》「四海側目」注作「《漢書》曰:『列侯宗室見郅都,側目而視也。』」「郅都」字,蓋李善行文所須而加者。尤本蓋從《漢書》(《史記·郅都傳》同),毛本當糅合尤本與六臣建本等而有奪誤。陳則祇校「到」字耳。

高鳳自穢　注:《東觀漢書》曰:高鳳字文通,南陽人也。

【陳校】

注「《東觀漢書》」。「書」,「記」誤。

【集說】

胡氏《考異》曰:注「《東觀漢書》曰。」陳曰云云。是也,各本皆誤。

梁氏《旁證》曰:陳校云云。各本皆誤。

【疏證】

《集注》本、奎本、贛本、尤本、建本誤同。明州本省作「善同翰注」而

翰注不及此書。謹案：語見《東觀漢記・高鳳傳》，《太平御覽》卷八百三十八引同。本書袁彥伯《三國名臣序贊》「豈徒塞諤而已哉」注誤同。又，劉越石《重贈盧諶》「鄧生何感激」注、王元長《三月三日曲水詩序》「爾乃迴輿駐罕」注、任彥昇《王文憲集序》「汝郁之幼挺」注誤作「東觀漢書記」。「記」上衍一「書」字，亦誤。毛本當誤從尤本等，陳校無煩查考，應手可正耳。

惟效文通之偽迹 　注：袁彥伯《名臣訟》曰：迹涔必偽。

【陳校】

　　注「《名臣訟》」。「訟」，「頌」誤。

【疏證】

　　《集注》本、奎本以下諸六臣合注本、尤本悉作「頌」。謹案：袁氏《三國名臣頌》載在本書。本書謝靈運《從遊京口北固應詔》「事為名教用」注、謝玄暉《和伏武昌登孫權故城》「三光厭分景」等注引，並作「頌」不誤。不備舉。毛本獨因音近而誤，陳校亦應手可正，無煩查考本書內證、尤本等也。

奏彈王源一首　　沈休文

沈休文 　注：吳均《齊春秋》曰：永平八年，沈約為中丞。

【陳校】

　　注「永平」。「平」，「明」誤。

【疏證】

　　《集注》本、奎本以下諸六臣合注本誤同。尤本作「明」。謹案：南齊無「永平」年號，武帝號「永明」。本書王元長《永明九年策秀才文》「賜朕休寶」注引「《齊春秋》曰：永明八年」云云、沈休文《齊故安陸昭王碑文》「永明八載」注引「吳均《齊春秋》曰：『永明八年，匈奴寇胊山』」云云，皆可為佐證。毛本當誤從建本等，陳校當從本書內證、史志、尤本等正之。

曾祖雅位登八命 　注：檀道鸞《晉陽秋》曰。

【陳校】

　　注「檀道鸞《晉陽秋》」。「鸞」，「鸞」誤、「晉」上脫「續」字。

【疏證】

　　《集注》本、奎本、明州本、尤本、建本作「鸞」、脫「續」。贛本作「鸞」、有「續」。謹案:《隋書・經籍志二》載:「《續晉陽秋》二十卷。宋永嘉太守檀道鸞撰。」參上殷仲文《南州桓公九井作》作者下注條。毛本「續」之脫,當誤從尤本等,「蠻」字,則獨形近而誤,陳校當從本書內證、《隋書》、贛本等補正之。本書謝靈運《還舊園作見顏范二中書》「久欲還東山」注、任彥昇《天監三年策秀才文》「將恐弘長之道」注、任彥昇《王文憲集序》「弘長風流」等注引並脫「續」字。

祖少卿……亦居清顯　注:《尚書》曰……何法盛《陳郡錄》曰……遂居清顯。

【陳校】

　　注「《陳郡錄》」。「郡」下,脫「謝」字。

【疏證】

　　奎本以下諸六臣合注本脫同。尤本有「謝」字。《集注》本無「《尚書》」至「清顯」三十二字。謹案:本書謝靈運《述祖德詩》題下注、沈休文《齊故安陸昭王碑文》「謝琰功高而後至」注引並有「謝」字。毛本誤從建本等,陳校當從本書內證、尤本等正之。參上謝靈運《述祖德詩》題下注條。

而託姻結

【陳校】

　　下脫「好」字。

【集說】

　　胡氏《考異》曰:「而託姻結好。」袁本無「結」字,云:「好」,善作「結」。茶陵本無「好」字,云:「結」,五臣作「好」。案:此蓋尤校改兩存。依文義,善不當無「好」字,而以「而託姻結」為句。二本所見必有誤,校語未足據也。
　　梁氏《旁證》曰:六臣本無「結」字,別本或無「好」字,皆誤。

【疏證】

　　《集注》本及引《鈔》並作「結好」字。五臣正德本、陳本作「姻好」,奎本、明州本同,校云:善本作「結」。贛本作「結」,校云:五臣本有「好」

字。建本作「結」，校云：五臣本作「好」字。尤本作「結好」字。謹案：前
胡謂「依文義，善不當無好字」說，是，其與《集注》本正合。然前胡謂「尤
校改兩存」，則非是，尤本非擅改，蓋別有所本，《集注》本便是佐證。前胡並
不知尤本真正來歷。毛本當誤從建本等，陳校當從尤本正之。

吳郡滿璋之……寵奮胤胄　注：《魏志》曰：滿寵字伯寧，景祐二年為
太尉，薨。

【陳校】

　　注「景祐」。「祐」，「初」誤。

【疏證】

　　贛本誤同。《集注》本、奎本、明州本、尤本、建本作「初」。謹案：事見
《魏志‧滿寵傳》，云：「景初二年，以寵年老徵還，遷為太尉……正始三年，
薨。諡曰景侯。」《通志‧滿寵傳》、《冊府元龜》卷三百七十六引並同。此是
奎本等所據。贛本因「祐」、「初」二字形近而譌，毛本當誤從贛本。陳校當據
《魏志》、尤本等正之。

又注：《世說》曰：偉弟子奮。

【陳校】

　　注「《世說》」。「說」，「語」誤。

【集說】

　　胡氏《考異》曰：注「《世說》曰」。陳曰云云。是也，各本皆誤。

　　梁氏《旁證》曰：陳校「說」改「語」。各本皆誤。

　　徐氏《規李》曰：注引「《世說》」一條。案：當是郭頒《世語》，非《世
說》也。

【疏證】

　　《集注》本作「語」。奎本以下諸六臣合注本、尤本悉誤。謹案：《魏志‧
滿寵傳》裴注引正作「《世語》」。《隋書‧經籍志二》載：「《魏晉世語》十卷」
注：「晉襄陽令郭頒撰。」本書袁彥伯《三國名臣序贊》「烈烈王生，知死不
撓」注作「《世語》」、干令升《晉紀總論》「引州泰於行役」注引作「郭頒《世
語》」。毛本誤從尤本、建本等，陳校當從本書內證、史志注等正之。

即索璋之簿閱　注：《漢書》宋博曰：王卿憂公。

【陳校】

注「宋博」。「宋」，「朱」誤。

【疏證】

贛本、建本誤同。《集注》本、奎本、明州本、尤本作「朱」。謹案：事見《漢書》、《通志‧朱博傳》、《冊府元龜》卷六百九十，正為朱博「移書」語，《白孔六帖》卷四十四「閥閱」注亦作「朱」。贛本因形近而誤，毛本誤從贛、建二本，陳校當從《漢書》、尤本等正之。

施衿之費　注：《儀禮》曰：女嫁，母施衿結悅。

【陳校】

「衿」，「衿」誤。注同。

【疏證】

《集注》本作「衿」，注作「紟」。奎本、尤本並注作「衿」。明州本、贛本、建本文並作「衿」、善注並誤入五臣良注，亦作「衿」。謹案：語見《儀禮注疏‧士昏禮》，正作「衿」，本書任彥昇《齊竟陵文宣王行狀》「遵衿褵於未萌」注引同。陳校當從本書內證、《儀禮》、尤本等。然毛本並注獨作「衿」，不誤。「紟」，與「衿」同。蓋從「今」聲之字，多見可通。《禮記‧內則》「衿纓綦屨」釋文：「本又作紟。」《玉篇》：「紟，單被也，結衣也。亦作衿。」《五音集韻‧十沁》：「紟，單被也，結衣也。亦作衿。」是衿與衿、紟並同之證。非但如此，衿，還通音同之「襟」。《文苑英華》卷六百八十五高澄《與侯景書》：「先王與司徒契闊夷險，孤子相依。偏所眷屬，繾綣襟期。綢繆素分，義貫終始。」「襟」下注云「一作衿。」是其明證。參下王仲寶《褚淵碑文》「吳興衿帶」條。

同人者貌　注：《列子》曰：夏桀、殷紂、魯桓、齊穆，狀貌七竅，皆同於人。

【陳校】

注「齊穆」。「齊」，「楚」誤。

【集說】

余氏《音義》曰：「齊穆」。「齊」，何改「楚」。

胡氏《考異》曰：注「魯桓、齊穆」。何校「齊」改「楚」，陳同。是也，各本皆誤。

梁氏《旁證》同胡氏《考異》。

【疏證】

奎本以下諸六臣合注本、尤本誤同。《集注》本正作「楚」。謹案：語見《列子·黃帝二》，字正作「楚」，宋·方崧卿《韓集舉正·雜說》「其兌則人」注引同。毛本當誤從尤本等，陳、何校當據《列子》正之。

革心於來日　注：《賈逵》曰：宋昭公革心易行。

【陳校】

注「賈逵」。「逵」，「子」誤。

【集說】

余氏《音義》曰：「賈逵曰宋。」六臣「逵」作「子」。

【疏證】

《集注》本、奎本以下諸六臣合注本、尤本悉作「子」。謹案：事見賈誼《新書·先醒》。《韓詩外傳》卷六略同，其文亦出賈氏《先醒》。循例當作「賈子曰」。毛本獨傳寫偶譌，陳校當從尤本等正之。

答臨淄侯牋一首　楊德祖

何遑高視哉　注：曹植足下高視於上京也。

【陳校】

注「曹植」下，脫「書」字。

【疏證】

奎本、尤本有「書曰」字。明州本刪善注，銑注有「書云」字，贛本、建本相襲之。《集注》本有「書曰」二字。謹案：語見本書曹子建《與楊德祖書》。下文如：「若乃不忘經國之大美」注、「敢望惠施以忝莊氏」注、「季緒璠璠」

注引「植」下皆有「書曰」字。《魏志・陳思王植傳》裴注、《初學記》卷二十七「握靈蚍」注並有「書曰」字。毛本從尤本而傳寫脫之，陳校當如尤本等補「書曰」二字，方妥。

悔其少作　注：《楊子去言》曰：或問：吾子少〔而〕好賦。

【陳校】

　　注「去言」。「去」，「法」誤。

【疏證】

　　奎本、贛本、建本、尤本悉作「法」。明州本省作「善同良注」，良注亦作「法」字。謹案：語見《揚子法言・吾子篇》。毛本蓋從尤本等，然所據本或壞字而致誤，陳校當從《法言》、尤本等正之。

若乃不忘經國之大美，流千載之英聲　注：曹植著曰：采庶官之實錄，成一家之言。

【陳校】

　　注「曹植著」。「著」，「書」誤。

【疏證】

　　《集注》本、奎本以下諸六臣合注本、尤本悉作「書」。謹案：語亦見子建《與楊德祖書》，作「書」固不待言，《魏志・陳思王植傳》裴注同。毛本獨傳寫誤，陳校當從本書內證、尤本等正之。參上「何邅高視哉」條。

銘功景鐘　注：《國語》：晉悼公曰：昔克路之役。秦來圖敗功。

【陳校】

　　注「克路」。「路」，「潞」誤。「敗功」，「敗」下，脫「晉」字。

【疏證】

　　建本皆同。《集注》本、尤本作「路」、有「晉」字。奎本作「路」、倒作「功晉」。明州本擅削善引「國語」一節注六十字。贛本作「潞」、脫「晉」。謹案：事見《國語・晉語七》，作「潞」、有「晉」字，《春秋左傳注疏・成公十八年》「此四人，其父祖皆有勞於晉國。」正義、《魏志・鍾繇傳》「於赫有魏」裴注、《北堂書鈔》卷一百十九「名于景鐘」注、《古今合璧事類備要》續

集卷五「景鍾」注引並同。本書曹子建《求自試表》「功銘著於景鍾」注、謝希逸《宋孝武宣貴妃誄並序》「庶圖芳於鍾萬」注、王仲寶《褚淵碑文》「想晉鍾之遺則」注、王簡栖《頭陀寺碑文》「既鏤文於鍾鼎」注引悉作「路」、有「晉」字。「潞」、「路」古今字，見《通志・氏族略》「路氏」注，參上《求自試表》「功銘著於景鍾」。毛本當從建本，陳校不知就裏妄改，非也。「晉」字，毛本傳寫偶脫，陳校當據尤本、《國語》、本書內證等補之。此又毛本之誤獨同建本例。

與魏文帝牋一首　繁休伯

果如其言　注：許慎《淮南子注》曰：果，成也。

【陳校】

注「成也」。「成」，「誠」誤。

【疏證】

奎本以下諸六臣合注本、尤本悉同。《集注》本無「許慎」以下十字。謹案：本書謝宣遠《於安城荅靈運》「幸會果代耕」注、魏文帝《與鍾大理書》「私願不果」注引皆作「成」。《毛詩注疏・小雅・我行其野》：「成不以富」，《論語・顏淵》作「誠」。《墨子・貴義》：「子之言成善也。」孫詒讓《閒詁》引王念孫云：「古或以成為誠。」《說文通訓定聲・鼎部》：「成，叚借為誠。」皆其證。毛本當從尤本等，此亦陳校疏於通假之證。

及與黃門鼓吹溫胡　注：桓譚《雜論》曰：漢之三主，內置黃門工唱。

【陳校】

注「桓譚《雜論》」。「雜」，「新」誤。

【集說】

余氏《音義》曰：「雜論」。「雜」，何改「新」。

胡氏《考異》曰：注「桓譚《新論》曰：漢之三主，內置黃門，工唱。」案：此十五字，亦「已見《長笛賦》」，不當有也。各本皆衍。

【疏證】

奎本、明州本、建本同。贛本、尤本作「新」。《集注》本作「新序」。謹

案：《隋書‧經籍志三》載：「桓子《新論》十七卷。後漢六安丞桓譚撰」。《後漢書‧桓譚傳》：「初，譚著書，言當世行事二十九篇，號曰《新論》。上書獻之，世祖善焉。……《新論》一曰本造、二王霸、三求輔、四言體、五見徵、六譴非、七啟寤、八袪蔽、九正經、十識通、十一離事、十二道賦、十三辨惑、十四述策、十五閔友、十六琴道。《本造》、《閔友》、《琴道》各一篇，餘並有上下。」前人著述，未見桓譚有《雜論》之作，合是「新」之譌。本書李善引此書多達五、六十處。贛、尤二本作「新」，當是，然已見上文者，不當複出。前胡說是本注上文「《漢書音義》：如淳曰：今樂家五日一習樂，為理樂。」前胡《考異》業已有「袁本無此十八字，有已見《長笛賦》五字。案：袁本最是……茶陵本複出非」之校，因有此語。《集注》本作「新序」，亦非。尤本蓋取贛本，陳、何校蓋從《後漢書》、《隋書》、尤本等爾。

答東阿王牋一首　　陳孔璋

秉青萍干將之器　注：張叔及論曰：青萍砥礪於鋒鍔。

【陳校】

注「張叔及論」。當作「張升《反論語》」。

【集說】

顧按：此張升《反論》也。

胡氏《考異》曰：「張叔及論」。案：「叔及」當作「升反」，說已詳前。各本皆誤。

梁氏《旁證》同胡氏《考異》。

【疏證】

奎本以下諸六臣合注本、尤本悉同。《集注》本作「張升《反論》」。謹案：顧按是，當作「張升《反論》」。「升」，與「叔」，俗寫極相似，易淆。見《敦煌俗字典》第 361 頁、374 頁陳校衍一「語」字。參上《代君子有所思》「絲淚毀金骨」及下《與山巨源絕交書》「許由之巖棲」兩條。

答魏太子牋一首　　吳季重

出有微行之游　注：《漢書》曰：武帝微行私出。張安曰：騎出入市里，若微賤之所為，故曰微行。

【陳校】

　　注「張安」。「安」，「晏」誤。

【疏證】

　　奎本以下諸六臣合注本、尤本悉作「晏」。謹案：語見《漢書·成帝紀》「上始為微行出」張晏注，《史記·秦始皇本紀》「始皇為微行咸陽」《集解》引亦作「張晏」。本書張平子《西京賦》「微行要屈」注引亦作「宴」。毛本獨因形近而誤，陳校當從本書內證、《漢書》、尤本等正之。

羣下鼎沸　注：《漢書》：延年曰：羣下鼎沸。

【陳校】

　　注「延年」上脫「田」字。

【集說】

　　余氏《音義》曰：「延年」上，何增「田」字。

【疏證】

　　本以下諸六臣合注本、尤本悉有「田」字。謹案：語見《漢書·霍光傳》，正有「田」字，《文章正宗》卷十九引同。《前漢紀·孝昭一》亦為田延年語。毛本傳寫獨脫，陳、何蓋從《漢書》、尤本等補耳。

伏惟所天　注：《左氏傳》：蔵尹克黃曰：君，天也。何休墨守曰：君者，臣之天也。

【陳校】

　　注「蔵尹克黃」。「蔵」，「蒇」誤。

【集說】

　　胡氏《考異》曰：注「《左氏傳》」下至「臣之天也」。袁本、茶陵本云：善無「伏惟所天」。案：此不當無，傳寫脫耳。尤校添為是。二本並無注二十二字，此所有，未審何出。

梁氏《旁證》曰：六臣本校云：善無「伏惟所天」。蓋傳寫脫耳。

【疏證】

尤本作「箴」。奎本以下諸六臣合注本作「伏惟所天」，校云：善本無「伏惟所天」字。謹案：語見《春秋左傳注疏・宣公四年》，正作「箴尹」。本書曹子建《又贈丁儀王粲》「皇佐揚天惠」注、鮑明遠《樂府詩八首・放歌行》「明慮自天斷」注、陸士衡《謝平原內史表》「不敢上訴所天」注、吳季重《答東阿王書》「實在所天」注並作「箴」。前胡云：「注『《左氏傳》』下至『臣之天也』二十二字，未審何出。」其實即出上《謝平原內史表》「不敢上訴所天」注。此正尤本所據。余蕭客《古經解鉤沈》卷二十二《春秋公羊傳・隱公元年》：「君者，臣之天也。何休墨守」注云：「宋本《文選注》三十七」，業已鉤出，前胡未讀耳。毛本則從尤本而傳寫誤耳。陳校作「葴」，與「箴」，音、形兩近而通爾。日本山井鼎物觀《七經孟子考文補遺》卷九十四《春秋左傳注疏・昭公四年》考異：「足利本《傳》：『箴尹宜咎城鍾離。』箴，作葴。永懷堂同。」可證。

休息篇章之囿　注：項代曰：場囿，講藝之處。

【陳校】

注「項代」。「代」，「岱」誤。

【集說】

胡氏《考異》曰：注「項代曰」。陳曰云云。是也，各本皆誤。
梁氏《旁證》曰：陳校「代」改「岱」。各本皆誤。

【疏證】

奎本、明州本、尤本、建本同。贛本作「岱」。謹案：毛本當從尤本等。「代」與「岱」或通，《十六國春秋・胡義周傳》「海岱晏然」注：「岱，一作代」，即是其證，準此，本可不改。然本書班孟堅《幽通賦》「覿幽人之髣髴」注，首見「項岱曰」云云，以下凡五十餘見皆同，據例，則陳改「岱」，無不是，然亦不必如前胡、梁氏所謂「各本皆誤」焉。

遠近所以同聲

【陳校】

「聲」下，脫「也」字。

【集說】

胡氏《考異》曰：「遠近所以同聲。」袁本、茶陵本「聲」下有「也」字，何校添，陳同。是也。

梁氏《旁證》曰：六臣本「聲」下有「也」字。何、陳校添。

【疏證】

尤本、三條藏日鈔《五臣注》殘卷同。五臣正德本、陳本、奎本以下諸六臣合注本悉有「也」字，《海錄碎事》卷九上同。謹案：審上下文義，有「也」字，方氣完意足。陳、何當從上下文氣、尤本等補之。

臣幸得以下愚之才

【陳校】

按：前言陳、徐諸子短於將略，至書末云云，蓋隱隱以兼資文武自命。然季重後歷清顯，久鎮方面，而勳業無聞，豈非亦『韜於文士，愧於武夫』者耶？

【疏證】

謹案：好為史論，此亦文史家積習，且亦有俾於知人論世、理解文義。

在元城與魏太子牋一首　吳季重

亮成安之失策　注：漢曰：成安君陳餘，背漢之趙。

【陳校】

注「漢曰」。「曰」，「書」誤。「之趙」。「趙」，「楚」誤。

【集說】

余氏《音義》曰：「漢曰」。「曰」上，何增「書」字。

胡氏《考異》曰：注「背漢之趙。」陳曰云云。是也，各本皆誤。

梁氏《旁證》曰：陳校「趙」，改「楚」。各本皆誤。

【疏證】

贛本作「書」、「楚」。奎本、明州本、尤本、建本作「書」、誤「趙」。謹案：事見《漢書·張耳陳餘傳》，確當作「楚」。毛本誤從尤本等，陳校當從贛

本、《漢書》等正之。「曰」上，何校補「書」字是，蓋依善注用「曰」字例，陳校猶非。說已見上。

壽王去侍從之娛，統東郡之任　注：(《漢書》)又曰：吾丘壽王後為東郡尉。

【陳校】

注「東郡尉」。「尉」上，脫「都」字。

【集說】

胡氏《考異》曰：注「後為東郡尉」。何校「尉」上，添「都」字，陳同。是也，各本皆脫。

梁氏《旁證》同胡氏《考異》。

【疏證】

奎本以下諸六臣合注本、尤本脫同。謹案：事見《漢書·吾丘壽王傳》，「尉」上正有「都」字。宋·黃震《古今紀要》卷二「吾邱壽王」注引同。《論衡·定賢篇》亦云：「趙人吾丘壽王，武帝時待詔。……高才通明於事，後為東郡都尉」云。奎本等因涉上「郡」字而脫，毛本當誤從尤本等。陳、何校蓋從《漢書》補。

為鄭沖勸晉王牋一首　　阮嗣宗

光宅曲阜　注：(《尚書》)又曰：魯侯伯禽宅曲阜。

【陳校】

注「又曰」。「又」下，脫「書序」二字。

【集說】

顧按：此非脫。

梁氏《旁證》曰：注「《尚書》曰：『光宅天下。』又曰：『魯侯伯禽宅曲阜。』」此《尚書·堯典序》及《費誓序》。《尚書》下當添「序」字。

【疏證】

奎本以下諸六臣合注本、尤本悉無「書序」字。謹案：語見《尚書注疏·

文侯之命》。顧按是，此善承上「尚書」省文，固不必加「書序」字。善注於一科段下，凡引同一書，分別釋不同對象，首引援書名，下文例省作「又曰」，不問源於不同子目、篇章。如上條「統東郡之任」上先有引《漢書·嚴助傳》注「嚴助」，下復援同書《吾丘壽王傳》，釋「吾丘」，上作「漢書」，下則祗作「又曰」，不管子目不一，即其證。然則，此又陳校疏於善注體例之證。

呂尚礄溪之漁者　注：《尚書中侯》曰。……《魏書》：荀攸勸進曰：……皆太啟王宇。

【陳校】

注「《尚書中侯》」。「侯」，「候」誤。又「太啟王宇」。「太」，「大」誤、「王」，「土」誤。

【疏證】

奎本以下諸六臣合注本、尤本悉作「候」、「大」、「土」。謹案：《隋書·經籍志一》有：「《尚書中侯》五卷」注：「鄭玄注。梁有八卷，今殘缺。」本書顏延年《赭白馬賦》「綠虵衛轂」注、陸士衡《樂府十七首·君子有所思行》「洞房結阿閣」注、曹子建《七啟八首》「而呂望所以投綸而逝也」注引悉作「候」。荀《表》載《魏志·武帝》裴注，正作「大起土宇」。毛本大抵形近而誤，陳校當從史志、本書內證、尤本等正之。

東誅叛逆全軍　注：王隱《晉書·文紀》曰：諸葛誕反，上親臨西園，四面並攻。

【陳校】

注「上親臨西園。」「園」，「圍」誤。

【集說】

胡氏《考異》曰：注「上親臨西園。」袁本「園」作「圍」，是也。茶陵本亦誤「園」。

梁氏《旁證》曰：六臣本「園」作「圍」，是也。

【疏證】

奎本、贛本、尤本、建本誤同。明州本擅刪善注引王隱《晉書》一節，而

向注同奎本，作「上親臨圍之，四面並攻。」謹案：毛本誤從尤本等，陳校當從袁本、上下文義正之。

今大魏之德

【陳校】

「今」，《晉書》作「令」，為是。

【集說】

孫氏《考異》曰：按上下文勢，「今」字，疑「令」字之譌。

胡氏《考異》曰：「今大魏之德。」袁本、茶陵本無「今」字。陳云：「今，《晉書》作令，為是。」案：此尤校添，而復譌其字耳。

梁氏《旁證》曰：六臣本脫「今」字。《晉書》「今」作「令」，是也。

許氏《筆記》曰：「今」，何改「令」，依《晉書》。嘉德案：陳云：「《晉書》作令，為是。」

【疏證】

奎本、尤本同。明州本、贛本、建本無「今」字。五臣正德本作「令」、陳本有「今」無「大」字。謹案：毛本蓋從尤本，陳引《晉書》，見《景帝紀》。據上下文意，還以《晉書》作「令」為佳，孫氏說是。尤本之前，奎本已有「今」字，前胡又厚誣尤氏。

然後臨滄洲而謝支伯　注：《莊子》曰：舜讓天下於子州支伯，子州支伯曰：子有幽憂之病。

【陳校】

注「子有幽憂之疾」。「子」，「予」誤。

【疏證】

奎本、贛本、尤本作「予」。明州本擅刪善注引《莊子》一節，而濟注作「余」。謹案：語見《莊子・讓王》，正作「予」。晉・皇甫謐《高士傳・子州支父》拒堯讓作「我」、拒舜讓作「予」。《呂氏春秋・貴生》拒堯讓亦作「我」，並可為作「予」之佐證。毛本獨因傳寫涉上二「子」字而誤，陳校當從《莊子》、尤本等正之。

拜中軍記室辭隋王牋一首　　謝玄暉

題：隋王

【陳校】

「隋」，「隨」誤。

【集說】

胡氏《考異》曰：「拜中軍記室辭隋王牋。」何校「隋」改「隨」，陳云：
「隋，隨誤。」袁、茶陵二本作「隨」。袁有校語云：善作「隋」。茶陵無校語。
案：陳、何似但據茶陵改耳，下注盡作「隋」。袁所見是矣。

梁氏《旁證》曰：何校「隋」改「隨」。陳同。《南史・謝朓傳》云云。

許氏《筆記》曰：題下及「謝玄暉」下注「隋王」，何改「隨王」。嘉德
案：袁、茶本作「隨」，而云「善作隋」。

黃氏《平點》曰：「隋」，別本作「隨」，下盡同。隋文帝前，凡「隨國」
未有作「隋」者。

【疏證】

五臣正德本、陳本作「隨」，注同。奎本並注作「隨」。明州本作「隨」，
省作「善同濟注」，濟注作「隨」。贛本同明州本，惟改「濟注同（善）」。建本
作「隨」，善注作「隋」，尤本並注作「隋」。謹案：依黃氏「隋文帝前，凡隨
國，未有作隋者」說，陳、何校是，參上《鼓吹曲》「題下注」條。

謝玄暉　注：蕭子顯《齊書》曰：謝朓為隋王子隆府文學。世祖敕：朓
可還都，遷新安王中軍記室。

【陳校】

注「謝朓」之「朓」，並當作「朓」。

【集說】

胡氏《考異》曰：注「謝朓」。何校「朓」改「朓」，陳曰云云。案：已見
前。

梁氏《旁證》曰：何校「朓」改「朓」。陳同。《南史・謝朓傳》云：「時
荊州信去倚待，朓執筆便成，文無點易。」

許氏《筆記》曰：「朓」，何改「朓」。嘉德案：陳校亦云：「朓，並當作

朓。」是也。黃氏《平點》曰：「朓」改「朓」，下當悉改。

【疏證】

奎本、明州本、建本、尤本誤同。下「故吏文學謝朓死罪死罪」等並同。贛本獨作「朓」。謹案：今本《南齊書》、《南史》謝《傳》並作「朓」，《冊府元龜》卷七百二十七、卷八百五十並同。《說文·月部》「朓」：「晦而月見西方，謂之朓。從月兆聲。」謝字玄暉，名與字正有關涉，作「朓」，則不倫矣。「朓」，蓋「朓」之俗譌字。毛本蓋誤從尤本等，陳、何校當從贛本、史志、古人名字常識等正之。《考異》謂「已見前者」，蓋指《新亭渚別范零陵詩》注「謝朓」。業經何、陳正之矣。

駑蹇之乘 注：班固《王命論》曰：駑蹇之乘，不聘千里之塗。《詩》曰：我馬維絡，六轡沃若。

【陳校】

注「不聘」。「聘」，「騁」誤。又「維絡」。「絡」，「駱」誤。

【疏證】

奎本、建本誤「聘」、作「駱」。明州本、贛本、尤本作「騁」、「駱」。謹案：《王命論》載在本書，正作「騁」，本書盧子諒《贈崔溫》「恨以駑蹇姿」注引亦作「騁」。「《詩》」，見《毛詩注疏·小雅·皇皇者華》，正作「駱」，《太平御覽》卷三百五十八引、本書謝惠連《七月七日夜詠牛女》「沃若靈駕旋」注引同。毛本誤「絡」，蓋獨因形、音兩近而誤；誤「聘」，則誤從建本耳。陳校當從本書內證、《毛詩》、尤本等正之。

或以歆唈 注：(《淮南子》)又曰：雍門周見於嘗君為之鳴唈流涕。

【陳校】

注「嘗君」。「嘗」上脫「孟」字。

【疏證】

奎本以下諸六臣合注本、尤本「為」上悉作「孟嘗，孟嘗君」。謹案：事不見今《淮南子》，而見於《說苑·善說》，作：「雍門子周以琴見乎孟嘗君。孟嘗君曰：『先生鼓琴亦能令文悲乎』」云云，《藝文類聚》卷四十四同。毛本當擅刪致誤，陳校亦尚未中其失。上諸《文選》本亦當如《說苑》重「孟嘗

君」三字，方穩。

東亂三江，西浮七澤　注：蕭子顯《齊書》曰：隋王子隆……後遷西將軍荊州刺史。

【陳校】

注「後遷西將軍」。「西」上脫「鎮」字。

【集說】

胡氏《考異》曰：注「後遷西將軍」。陳曰云云。是也。袁本亦脫，茶陵本併入五臣，更非。

梁氏《旁證》曰：陳校云云。

【疏證】

奎本、尤本脫同。明州本併入五臣向注，亦脫「鎮」字，贛本、建本同。謹案：事見《南齊書·隨郡王子隆傳》，正有「鎮」字。毛本當誤從尤本等，陳校當從《南齊書》補之。

後乘載脂　注：魏文帝《與吳質書》曰：文學記乘於後車。

【陳校】

注「文學記乘」。「記」，「託」誤。

【疏證】

奎本、尤本作「託」。明州本省作「善同濟注」，濟注作「託」，贛本、建本同。謹案：魏文帝《與朝歌令吳質書》載在本書，正作「託」字。《魏志·吳質傳》裴注引亦作「託」，《北堂書鈔》卷一百十一「鳴笳啟路」注引同，同書卷一百五十四「景風扇物」注引作「托」。「托」，與「託」同。本書謝靈運《擬魏太子鄴中集詩·阮瑀》「鳴笳汎蘭汜」注亦誤「記」。毛本獨形近而誤，陳校當從本書內證、史志、尤本等正之。

朱邸方開　注：史記曰：諸侯朝天子，於天子之所立舍也邸。諸侯朱戶，故曰朱邸。

【陳校】

注「立舍也邸」。「也」，「曰」誤。

【疏證】

　　奎本以下諸六臣合注本、尤本悉作「曰」。謹案：此「史記」字當泛指史志，非司馬字長之《史記》也。《尚書序》：「約史記而修《春秋》。」《史記‧周本紀》：「周太史伯陽讀史記曰：周亡矣。」正義：「諸國皆有史以記事，故曰史記」。本書謝玄暉《始出尚書省》「黃旗映朱邸」注：「《史記》曰：『諸侯朝天子於天子之所立宅舍曰邸。』《漢書》曰：『代王入代邸。諸侯王朱戶，故曰朱邸。』」史季溫《山谷別集詩注‧觀秘閣蘇子美題壁及中人張侯家墨跡十九紙——》「兼官有郡邸」注引亦作「宅舍曰邸。」並作「曰」字。又，審上下文義，固當作「曰」。毛本獨因形近而誤，陳校當從上下文義、尤本等正之。準之謝詩善注，上諸《文選》本「舍」上尚脫「宅」字，下「諸侯」上，尚脫「《漢書》曰」三字。

如其簪履或存　　注：《韓詩外傳》曰：少原之野，有婦人則菁薪而失簪。

【陳校】

　　注「則菁薪」。「則」，「刈」誤。

【疏證】

　　奎本、尤本作「刈」。明州本省作「善同良注」，良注作「刈」，贛本、建本同。謹案：《藝文類聚》卷六、《太平御覽》卷五十五、卷四百八十七引《韓詩外傳》並作「刈」。本書陸士衡《演連珠》（臣聞達之）「少原之婦哭其亡簪」注亦作「刈」。毛本獨因形近而誤，陳校當從尤本、本書內證等正之。

攬涕告辭　　注：《楚辭》曰：思美人兮，攬涕而竚貽。

【陳校】

　　注「竚貽」。「貽」，「眙」誤。

【疏證】

　　奎本以下諸六臣合注本、尤本悉作「眙」。謹案：《楚辭》見《九章‧思美人》正作「攬涕而竚眙」。宋‧戴侗《六書故‧人三》「眙」下引同。本書班叔皮《北征賦》「攬余涕以於邑兮」注亦作「眙」。又，左太沖《吳都賦》「士女佇眙」注云：「佇眙，立視也。今市聚人謂之立眙。」毛本獨因形近而誤，陳校當從《楚辭》、本書內證、尤本等正之。

到大司馬記室牋一首　任彥昇

（往）〔德〕顯功高　注：《東觀漢記》：朱浮於彭寵書曰。

【陳校】

注「朱浮於彭寵」。「於」，「與」誤。

【疏證】

奎本以下諸六臣合注本、尤本悉作「與」。謹案：事見《東觀漢記·朱浮傳》，作「朱浮與彭寵書責之曰」云云。朱叔元《為幽州牧與彭寵書》載在本書，正作「與」，《初學記》卷二十九「白頭青爪」注引同。本書阮元瑜《為曹公作書與孫權》「彭寵受親吏之計」注云：「彭寵，已見朱浮《與彭寵書》」，亦作「與」。毛本獨因音近而誤，陳校當從《東觀漢記》、本書內證、尤本等正之。「德」，周鈔譌「往」，已正之。

顧知死所　注：《左氏傳》：其友謂狼瞫曰：盍死。

【陳校】

注「狼瞫」。「狠」「狼」誤。

【疏證】

奎本以下諸六臣合注本、尤本悉作「狼」。謹案：事見《春秋左傳注疏·文公二年》，正作「狼」字。《經典釋文·傳二年》曰：「狼瞫，尺甚反。《字林》：式衽反。」狼瞫，晉人。能斬秦囚，以從公乘，遂以為右。毛本傳寫而誤，陳校當從《左傳》、尤本等正之。

百辟勸進今上牋一首　任彥昇

任彥昇　注：劉璠《梁典》曰：……並任昉之辭也。

【陳校】

《梁書·丘遲傳》以此牋為遲作，與《梁典》異。

【集說】

何氏《讀書記》曰：注引《梁典》云是「任昉之辭」。按《梁書·丘遲傳》

以此牋為遲作,與《梁典》異。

　　余氏《音義》曰:何曰:「《梁書·丘遲傳》以此《牋》為遲作。」

　　梁氏《旁證》曰:《梁書·丘遲傳》:「勸進梁王及殊禮,皆遲文。」

【疏證】

　　五臣正德本及陳本、奎本、贛本、尤本、建本同。明州本同,然併入題下五臣良注,非。

　　謹案:《梁書·丘遲傳》曰:「高祖平京邑,霸府開,引為驃騎主簿,甚被禮遇。時勸進梁王及殊禮,皆遲文也」云云。《南史》、《冊府元龜》卷七百十八、卷八百三十九《丘遲傳》,並同《梁書》。是唐初史家姚思廉已與北周劉璠存異議焉。毛本當從尤本等,陳、何校亦備異聞而已。

又注:《史記》曰:司馬遷《自序》:作《今上本紀》。

【陳校】

　　注「《史記》曰」。「曰」字,衍。

【集說】

　　胡氏《考異》曰:注「《史記》曰:司馬遷《自序》。」何校去「曰」字,陳同。是也,各本皆衍。

　　梁氏《旁證》同胡氏《考異》。

【疏證】

　　奎本以下諸六臣合注本、尤本悉衍「曰」字。謹案:毛本當誤從尤本等。陳、何校當從善注例正之。本書范彥龍《傚古》「所賴今天子」注作「太史公《自序》曰:作《今上本紀》」云云,亦得。

加以朱方之役　　注:劉璠《梁典》曰:護軍將軍崔慧景反,破左興眾十萬於鍾山。

【陳校】

　　注「破左興」。「左興」,當作「左興盛」。

【集說】

　　胡氏《考異》曰:注「破左興眾十萬於鍾山。」陳曰云云。是也,各本皆脫。

梁氏《旁證》曰：陳校云云。各本皆脫。

【疏證】

奎本、尤本、建本脫同。贛本有「盛」字。明州本併入五臣良注，有「盛」字，蓋出奎本。謹案：事亦見《南齊書·崔慧景傳》、《南史·東昏侯紀》，皆作「左興盛」。毛本當誤從尤本、建本，陳校當從贛本、五臣注、史志等正之。

又注：《左氏傳》曰：冬，伐吳楚，以報朱方之役。

【陳校】

注「伐吳」二字，當乙。

【疏證】

奎本以下諸六臣合注本、尤本悉作「吳伐」。謹案：事見《春秋左傳注疏·昭公四年》，正作「吳伐楚」，《冊府元龜》卷二百四十九、卷二百五十二引並同。本書謝靈運《廬陵王墓下作》「落日次朱方」注引亦作「吳伐」。毛本獨傳寫誤倒，陳校當從《左傳》、本書內證、尤本等正之。

大造王室　注：《左氏傳》：呂相曰：我有大兵於西。

【陳校】

注「我有大兵」。「兵」，「造」誤。

【疏證】

奎本以下諸六臣合注本、尤本悉作「造」。謹案：語見《春秋左傳注疏·成公十三年》，正作「造」。本書陸士衡《皇太子宴玄圃宣猷堂有令賦詩》「仰荒大造」注、陳孔璋《為袁紹檄豫州》「而有大造於操也」注、陸士衡《弔魏武帝文》「彼人事之大造」注引皆作「造」。毛本傳寫偶誤，陳校當從本書內證、《左傳》、尤本等正之。

皇天后土　注：《左氏傳》：晉大夫謂秦伯曰：君覆后土而戴皇天。

【陳校】

注「君覆后土」。「覆」，「履」誤。

【疏證】

奎本以下諸六臣合注本、尤本悉作「履」。謹案：語見《春秋左傳注疏·

僖公十五年》，正作「履」字，《冊府元龜》卷二百五十二引同。本書王子淵
《洞簫賦》「託身軀於后土兮」注引亦作「履」。毛本形近偶疏，陳校當從本書
內證、《左傳》、尤本等正之。

明公據鞍輟哭 注：劉璠《梁典》曰：高祖告難於荊州行事蕭穎曹，建
牙（陳）〔東〕伐。……《晉中書》：劉胤謂邵續曰。

【陳校】

注「蕭穎曹」。「曹」，「胄」誤。又「晉中書」。「中」下，脫「興」字。

【疏證】

建本皆同。奎本、贛本作「胄」、脫「興」。明州本脫「劉璠《梁典》」一
節二十一字、脫「興」字。尤本作「胄」、有「興」字。謹案：蕭穎胄，字雲
長。《南齊書》卷三十八、《南史》卷四十一併有傳。「曹」字，刻本多有作「曺」，
形跡近「胄」，易誤。《隋書・經籍注二》載：「《晉中興書》七十八卷」注：「起
東晉。宋湘東太守何法盛撰。」本書援引達五十余處，皆不誤，此處毛本誤、
奪疑悉從建本，尤顯二本從出之跡。

取樂名教 注：樂廣曰：名教中自有樂地，何為乃爾。

【陳校】

注「樂廣曰」上脫「世說」二字。

【集說】

胡氏《考異》曰：注「樂廣曰」下至「何為乃爾」。袁本此十四字作「名
教，已見上文。」茶陵本複出，非。

【疏證】

奎本、明州本作「名教，已見上文」。贛本、尤本、建本脫同。謹案：語
見《世說新語・德行》。書名本不可脫。本書任彥昇《為蕭楊州作薦士表》「彥
輔名教之樂」注承上省「世說」二字、任彥昇《為卞彬謝脩卞忠貞墓啟》「名
教同悲」注有「世說」二字。毛本誤從尤本等複出，又奪二字，誤中誤也。陳
校當從本書內證補，而未悟重出之非，前胡最是。

獨為君子　　注：謝承《後漢書》：王暢誄劉表曰：蘧伯恥獨為君子。

【陳校】

注「王暢誄劉表」。當作「劉表誄王暢」。《魏志·劉表傳》注引謝書甚詳。

【集說】

胡氏《考異》曰：注「王暢誄劉表」，陳曰云云，是也，各本皆誤。

梁氏《旁證》同胡氏《考異》。

【疏證】

奎本以下諸六臣合注本、尤本誤悉同。謹案：《魏志·劉表傳》裴注：「謝承《漢書》曰：『表受學於同郡王暢。暢為南陽太守，行過乎儉。表時年十七，進諫曰：奢不僭上，儉不逼下，蓋中庸之道，是故蘧伯玉恥獨為君子』」云云。暢長表幼，又引蘧伯玉故事，明是劉語，合為劉誄王焉。陳校是，毛本當誤從尤本等。此陳據史志校《選》成功例。

詣蔣公一首　　阮嗣宗

阮嗣宗　　注：臧榮緒《晉畫》曰：太尉蔣濟聞籍有才雋而辟之。……初，濟恐籍不至。得記，欣然遣卒迎之，而籍已法。濟大怒。於是鄉親共喻之，籍乃就吏。

【陳校】

注「晉畫」。「畫」，「書」誤。又「而籍已法。」「法」，「去」誤。又「濟大怒」下，脫「王默然懼，與籍書勸說」二句。又「共喻之」。「之」字衍。

【集說】

余氏《音義》曰：「雋而」。六臣下有「俶儻為志高，問掾王默，然後」十一字。又「大怒」下，六臣有「王默默懼，與籍書勸說之」十字。

胡氏《考異》曰：注「而辟之」。茶陵本「而」下有「俶儻為志高。問掾王默，然後」十一字。袁本併入五臣，略同。又曰：注「濟大怒」。茶陵本「怒」下有「王默默懼，與籍書勸說之」十字，袁本併入五臣，略同。

梁氏《旁證》曰：六臣本「而」下有「俶儻為志高，問掾王默，然後」十一字。又曰：六臣本「怒」下有「王默默懼，與籍書勸說之」十字。

【疏證】

尤本作「書」、「去」、「怒」下脫「王默然」十字、有「之」字。五臣正德本濟注作「晉太尉蔣濟，聞籍有俊才而志俶儻，問王默，然後辟之……欣然遣吏卒迎，而籍已去。濟大怒恚。王默默（陳本祇一「默」字）懼與籍書，鄉親共喻乃就，後謝病歸」。奎本、明州本濟注同，省作「善注同」。贛本、建本作「書」、「而」下有「俶儻為志」十一字、作「去」、「怒」下有「王默默懼」十字、無「之」。濟同善注。謹案：今《晉書·阮籍傳》有「初，濟恐籍不至。得記，欣然遣卒迎之，而籍已去。濟大怒，於是鄉親共喻之，乃就吏。後謝病歸」云云。毛本蓋從尤本脫「而」下十一字、「怒」下十字；誤「畫」、「法」字，則毛本獨傳寫譌耳。陳校蓋從贛建二本、今《晉書》等補正之，然仍脫「而」下十一字、「怒」下十字中衍一「默」字，不能正。「之」字，乃尤本據今《晉書》添，毛本從之，未必衍。陳校亦得失參半耳。本條「俶儻」、「王默」兩處凡二十一字，前胡假茶陵本取代陳校，然並不繫之於屢見互通並出之何校，此可證余氏《音義》一書體例，凡以六臣本校善注者，如同以六臣校正文咸為余校，非關何校也。

伏惟明公以含一之德　注：《尚書》曰：伊尹作《咸有一德》。

【陳校】

注「《尚書》」下，脫「序」字。

【疏證】

奎本、尤本脫同。明州本擅刪善注「《尚書》」以下十字，贛、建二本同。謹案：語見《尚書注疏·咸有一德序》。毛本脫當誤從尤本，陳校則從《尚書序》補之。

子夏處西河之上　注：《呂氏春秋》曰圭，魏文侯師子夏。

【陳校】

注「春秋曰圭」。「曰」，「白」誤。

【疏證】

奎本以下諸六臣合注本、尤本悉作「白圭曰」。謹案：事見《呂氏春秋·舉難》，作「白圭對曰（文侯師子夏）」，《新序》同，本書王子淵《四子講德

論》「魏文有段干田翟」注引亦同。毛本從尤本等而傳寫譌脫，陳校亦得失參半，不悟「圭」下善注例當有「曰」字，此亦陳不究善注引書用「曰」字之例耳。

以避當塗者之路 注：《漢書》：武帝制曰：守文之君，當塗之路，欲則先王之法。

【陳校】

注「當塗之路。」「路」，「士」誤。

【疏證】

奎本以下諸六臣合注本、尤本悉作「士」。謹案：語見《漢書·董仲舒傳》，正作「士」字，《冊府元龜》卷六百四十六、《文章正宗》卷三並同。《資治通鑑·晉紀五·孝惠皇帝上之下》「洛中朱衣，當塗之士」注：「當塗之士，謂當路柄用者。」毛本獨涉正文而誤，陳校當從《漢書》、尤本等正之。